이토록
솔직한
아홉 살
인생

유루시아 쓰고 그림

책을 펴내며

이 책을 독립출판 수업을 통해 한참 엮고 있을 무렵, 온 나라에 무서운 바이러스가 창궐하기 시작했습니다. 피해가 가장 심해서 사람들이 모두 무서워하고 손을 내젓는 대구, 그 한가운데에서 집에 틀어박혀 이 책을 마무리했습니다.

아주 따뜻한 마음으로 적었던 이야기들을 모아 가장 마음이 두렵고 서늘한 시기에 다듬고 있자니 기분이 이상했습니다. (그나저나 왕관 또는 태양 주위의 빛의 고리를 뜻하는 아름다운 말이 치명적인 바이러스 이름이라니요.)

사람들과 마음 놓고 만나서 이야기를 나눌 자유, 카페에서 차 한 잔을 마실 자유, 전염병에 갑자기 걸릴 것을 두려워하지 않아도 될 자유를 빼앗기고 나니, 그 자유가 얼마나 소중한 것이었는지 새삼 깨닫습니다. 나는 잠깐의 시간도 이렇게 답답한데 누군가는 그 자유를 평소에도 누리지 못하고 있다는 걸, 머리로는 알고 있어도 몸으로는 아니었습니다. 물론 지금도 아주 일부만 알게 되었을 뿐입니다. 그래서 신형철 평론가는 '슬픔을 공부하는 슬픔'을 이야기했나 봅니다.

사소하다고 생각하면서 무심하게 누리던 소중한 자유가 그

립습니다. 행복이란 작은 것에 깃들어 있는데, 무감각하게 지나가는 대신 더 자세히 바라보고 음미했으면 되는데, 그걸 꼭 넘어져봐야 알게 되네요. 하긴, 그러니까 사람이죠. 지금이라도 깨달아서 참 다행입니다.

집 밖으로 나가기 힘든 상황이니 꼭 작은 외딴 섬에 머무르는 것 같습니다. 전쟁터를 벗어나 도망친 외딴 섬에서, 읽을 이에게 소식이 가 닿기를 바라며 간절하게 꼭꼭 눌러 편지를 쓰는 누군가의 어슴푸레한 옆모습을 상상해 봅니다. 그런 편지를 쓰듯, 맑은 마음을 끌어 모아 글을 쓰게 됩니다. 위기 앞에서 사람은 혼란스러워하기 마련이지만, 어떤 사람들은 오히려 더 맑아지기도 하는 것 같습니다. 나의 아픔 뿐 아니라 옆 사람의 아픔을 바라봐 주고, 서로 위로의 손길을 내밀고, 안전한 곳에서 자처해서 도움을 주러 오는 사람들이 드러납니다. 사람들의 맑고 아름다운 모습을 보며 눈물이 납니다.

언젠가는 아수라장도 정리가 되고, 사람들은 평범한 일상으로 돌아가 있겠지요. 그리고 함께 끌어 모았던 맑은 마음들이 그 일상을 더욱 풍요롭게 해 주기를 바랍니다.

이 책을 펴내기 위해, 교사가 되어 아홉 해 동안 *끄적끄적*

기록한 것 가운데 2017년부터 2019년까지 '에듀콜라'에 정식으로 올린 글을 살펴보았지요. 아홉 살 어린이들과 살아간 해에 대한 이야기가 특히 많아서 따로 엮고 싶었습니다. 또, 일기장에나 쓸 만한 제 생각들도 솔직하게 곁들였습니다.

어린이 앞에서 어른스럽고 싶지만 사실 좀 어리바리한 유루시아라는 사람이 교실에서 살아가면서 고민하고 발버둥친 이야기를 쑥스럽지만 내밀어 봅니다. 처음 쓸 때와 지금 생각이 달라진 부분이 여러 군데 보여서 과감히 다듬었습니다.

이야기를 누군가에게 진심으로 전하고 또 진심으로 듣는 행위는, 사람을 살리고 일으켜 세우는 힘을 가진 듯합니다. 이러한 거창한 말을 가져다 붙이기엔 참 부끄럽습니다만, 그만큼 참 감사하다는 이야깁니다. 개인적이고 평범한, 아니 조금 모자란 저의 이야기가 책장 너머 누군가의 일상에 작은 위로와 웃음으로 보탬이 될 수 있다면 더욱 기쁘겠습니다.

2020. 2. 25. 유루시아

책을 펴내며 2

1부. 이토록 솔직한 아홉 살 인생

저학년과 고학년, 극과 극 10

교실 문을 열며 16

이토록 솔직한 아홉 살 인생 22

꿀 같은 쉬는 시간 29

밤편지 (1) 36

밤편지 (2) 45

밤편지 (3) 51

시트콤 (1) 59

시트콤 (2) 64

2부. 반짝임 줍는 교실살이

흔들리고 헤매는 신규 교사 70
나는 '나답게' 살고 있는 사람인가 84
'상자 밖'에 있는 사람이고 싶다 89
교실에서 어린이들에게 옮다 95
누가 어린애인지 모르겠다 101
사람이니까, 상처를 받는다 106
'오답공책'을 버릴 용기 111
때로는 '답정너'가 될 것 115
회복은 힘이 세다 119
반짝임 줍는 교실살이 123

1부

이토록 솔직한
아홉 살 인생

저학년과 고학년, 극과 극

올해 처음으로 저학년인 2학년 담임을 하게 되었습니다. 고학년을 연달아 맡다가 저학년을 맡으면 그 다름이 아주 뚜렷합니다. 이 존재들이 커서 저 존재가 된다니. 마치 곤충의 탈바꿈 못지않게 신비롭다면 지나친 말일까요.

2학년과 6학년의 대비는 마치 의욕이 가장 충만한 청춘과 의욕이 가라앉은 노년(!) 같아서 '극과 극'이라고 말하고 싶습니다. 2학년은 박수를 몇 번 쳐 보는 등 아주 작은 것들도 하나의 놀이가 됩니다. 잘 이끌기만 하면 즐거움과 기쁨으로 거의 정신을 못 차릴 만큼 잘 놀 수 있습니다. 반면에 6학년은 교실에서 손짓이나 말을 자꾸 시키려 하면 '저 인간 갑자기 왜 저래?' 하는 눈빛으로 바라볼 겁니다.

#1. 이야기를 나눌 때

    6학년이라면 보통 또래와 더 친밀해서 선생님이 너무 불쑥 다가가면 아무래도 어려워합니다. 그래도 교사 입장에서는 많은 설명을 보태지 않더라도 편하게 폭넓고 다양한 이야기를 나눌 수 있어 대화가 재미있습니다.

    그럼 2학년은? 선생님이 하는 작은 행동도 신기한 구경거리처럼 바라봅니다. 특히 선생님 책상에 있는 온갖 종이, 물건, 글씨 등에 관심이 아주 많습니다. 모르는 새에 불쑥 다가와 이것 저것 살펴보며 묻는 바람에 '아, 내가 책상 정리를 너무 안

신기한 것도 많은 저학년 아이들. 어떤 친구의 부모님 휴대폰 번호를 물어봐서 저장하는데, 뭐가 궁금한지 몰려들어서 미어캣처럼 바라보고 있기도 했습니다.

했구나.'하고 반성하게 됩니다. 전혀 다른 질문을 하러 나왔다가도 책상 위의 클립을 발견하고 만지다가 무아지경에 빠지기도 합니다. (마치 레이저 불빛을 본 고양이처럼요)

처음에는 아홉 살 어린이들이 이야기 나누는 방식을 이해하기가 참 어려웠습니다. (나도 어렸을 땐 그랬을 텐데 기억이...) 교사는 학생들 전체에게 이야기하는데도, 아홉 살 어린이들은 1대 1 대화로 생각하고 '저는요?' '저는요?' 하고 끊임없이 자기도 확인을 받아야 안심이 되는 모양입니다. 나중에 알고 보니 원래 그 나이에는 전체 상황을 고려하는 눈이 아직 없거나 생기는 중이기 때문에 그렇다고 합니다. (하지만 안타깝게도 크면서도 그 눈이 잘 안 생기는 어린이들도 있습니다.)

확인을 안 받으면 불안한지 자꾸 자꾸 물어봅니다.

#2. 교사가 지치는 시점

저학년과 고학년은 교사가 지치는 시점도, 그 이유도 조금씩 다릅니다. 2학년은 저학년이라 원래 교과전담이 없는 학교가 대부분이며, 게다가 세월호 참사 이후 '안전한 생활'이라는 교과가 새롭게 생겨 작년에 비해 교사가 수업해야 하는 주당 수업 시수가 1시간 늘어났습니다. 학생들과 연달아 5교시를 함께 하니 체력이 부족함을 느꼈습니다. 몸이 힘들고 특히 목이 아파지면 어쩔 수 없는 사람인지라 어린이들에게 부정적인 감정이 올라오기도 하고, 소진되어 버리기도 합니다. 교사가 중재하거나 챙겨주고 알려주어야만 하는 일들이 끊임없이 벌어지기 때문에 체력과 건강한 정신력이 없으면 힘듭니다.

이와 달리 6학년을 만나 특히 힘들었던 일을 말해보라고 한다면, 6학년이 될 때까지 복잡하게 얽히고 쌓여 온 교우관계 문제가 아닐까 합니다. 지속적인 상담으로도 해결되지 않으면 참 불안하고, 마음은 피곤해집니다. 하나 더 꼽자면 좀 부끄러운 이야기지만 후반기에 진도에 쫓기면서 학생들이 힘들어 할 때, 설상가상으로 진도가 빨라 여유 있게 학급 행사를 하는 옆반과 우리반을 자꾸 비교하며 학생들의 불만이 폭발하던 때 기운이 많이 빠졌던 것 같습니다.

고학년 어린이들은 저학년 어린이들보다 각자 쌓아온 실패

와 상처의 경험이 더 많고, 스스로를 지키기 위한 날카로운 가시나 딱딱한 껍데기를 만들어 낸 경우가 많았습니다. 그걸 헤아리기도, 파고들기도 쉬운 일은 아니었습니다.

때로 학생들과의 관계에서 건너기 힘든 심연을 느낀 적도 있었습니다. 그럴 때엔 '가르칠 수 있는 용기'(파커 J. 파머)에서 '지옥에서 온 학생'이라는 용어로 설명하는 교사의 공포에 대해 생각했습니다.

#3. 그래서, 씁니다.

그런 순간에 나는 학생들에게, 학생들은 나에게 이해할 수 없는 어떤 괴물처럼 보였을지 모르겠습니다. 그러한 공포를 극복하기 위한 방법을 구할수록 알게 되는 것은, 답이 외부에 있는 것이 아니라 '나'를 제대로 바라보아야 해결된다는 것이었습니다.

나를 제대로 바라보고 싶어서 목마름을 채워줄 수 있는 심리학이나 정신분석학, 삶의 의미에 대한 책, 영화 등을 찾았습니다. 삶에 활용해보기도 했습니다. 하지만 좋은 습관 단 하나를 새로이 만들려고 해도 마음대로 잘 되지 않았습니다. 그래서, 겉보기에 저는 큰 변화나 성장이 보이지 않는 도돌이표와 같이 싶습니다. 한때는 그게 화가 났습니다.

그래도 고민 중에 문득 얻은 통찰이나 위로를 공유하면 그것이 누구에게는 쉼표가 되기도 하는 걸 보았습니다. 그것이 힘을 북돋워주는 재료가 되기도 하고요. 그래서 깜냥이 되지는 않더라도 이런 저런 고민과 그에 대한 생각을 이렇게 쓰고, 부끄럽지만 남들에게 보이고 있습니다. 그리고 나날이 넓어지고 깊어지려고 힘쓰고 있는 중입니다.

교실 문을 열며

 학교에서 보내는 하루는, 교실 문을 여는 것으로 시작됩니다. 아! 아침 일찍, 학교가 조용할 때 가장 먼저 도착해서 창문을 열고 환기를 하고, 차를 한 잔 마시는 여유란! 하지만 그렇지 못한 날이 매우 많았음을 고백합니다.

 첫 발령이 났던 학교는 집에서 도보로 15 ~ 20분쯤 걸으면 도착하는 곳이었습니다. 아니, 빠른 걸음으로 걸으면 거의 10분만에 도착하지요. 하지만 학교가 가깝다는 생각에 여유를 부리게 되어, 오히려 출근 시간이 늦어지곤 했습니다. 마음 같아서는 출근 시간보다 30분 이상 일찍 가서 기다리고 싶었지만, 아침잠과의 싸움에서 이기지 못하고 어린이들과 비슷한 시간에 등교하며 아침을 늘 분주하게 시작해야 했습니다.

그런데, 4년 후 집과 한참 먼 곳으로 발령을 받게 되었습니다. 그 동네는 조금만 늦게 나서면 출퇴근길에 교통지옥이 펼쳐지는 곳이었습니다. 비록 버스를 타지만, 버스 안의 인구밀도는 단 30분 차이로 어마어마하게 달랐습니다. 그리하여, 교통지옥의 위력이 아침잠을 이기고 말았습니다. 이전 학교에 근무할 때에는 일어나던 시각이, 이제 집에서 나오는 시각이 되어 버린 겁니다. 세상에나.

그렇게 일찍 도착한 아침, 교실 문을 혼자 열고 조용한 교실에서 이것저것 하다 보면 6학년 학생들은 대부분 8시 25분이 지나서 어슬렁어슬렁 교실로 오곤 했습니다. 아, 평화로운 아침. 아침형 인간들은 이렇게 하루를 시작하고 있었다니! 학창시절 부끄럽게도 아슬아슬한 지각을 달고 살았던 저로선 참 여유롭고 상큼한 기분을 즐길 수 있었습니다.

그.런.데. 말입니다. 6학년에서 갑자기 2학년 담임으로 변신하자, 첫날 아침부터 뭔가 다른 상황이 펼쳐졌습니다. 평화로운 아침 8시, 분명히 복도가 조용해야 하는데, 어디선가 큰 목청으로 나누는 이야기 소리가 들려왔습니다. 무슨 일이지? 두리번거리니 저 멀리서 조그만 어린이 몇 명이 생각지도 못한 이른 시간부터 복도를 재잘거림으로 가득 채우며 등교하고 있었습니다. 눈을 비비고 다시 쳐다보아도 분명히 학생들이었습니다. 설마 첫날이라 일찍 왔겠지 했는데 그 다음날도, 다음 날도... 알고 보니 학원차를 타고 등교한다거나 부모님 출근 차를 타고 온다거나, 여러 가지 이유로 일찍 오는 어린이들이었습니다. 결국 아침잠 없는 꼬마들 덕분에 평화로운 아침과 작별을 고해야 했습니다.

'나는 혼자 아침을 시작한 뒤 여유로운 마음으로 너희를 맞이하고 싶단 말이다. 제발….'

 아홉 살 어린이들의 질문 공세는 무서웠습니다. 이른 아침, 나는 아직 정신도 덜 깨어났고, 가방도 옷장에 넣어야겠고, 컴퓨터도 켜야 하며, 일단 몽롱한 머리를 깨우려 입에 커피를 넣어야

할 것 같은데…. 어린이들은 잠시 피해 도망 온 화장실까지 따라오며 쉴 새 없이 질문을 쏟아냈습니다.

　어떻게 하면 질문공세를 피할 수 있을지 궁리했습니다.

　'칠판에 할 일을 친절하게 적어두자. 내가 잠깐 안 보이거나 대답 대신 칠판을 가리키면 이걸 읽고 행동하겠지? '

　그러나 마찬가지였습니다. 어린이들이 물으면 칠판을 가리켜주기도 했지만, 어떤 어린이들은 내 손가락만 빤히 보고 다시 똑같은 질문을 했습니다.

　'이건 마치… 질문 지옥에 갇힌 것 같군….!'

　'코딩'을 하는 기분이 들기도 했습니다. 나는 나름대로 자세히 설명했다고 생각했지만 생각지 못한 곳에 늘 어린이들의 질문이 버티고 있었으니 말입니다. (명령어를 딜 만들었어….)
　다행히도 시간이 지나면서 어린이들이 각자 알아서 도서관에 가며 조용히 시작하는 아침도 가뭄에 콩 나듯 생겼고, 저에게도 요령이 조금씩 생겼습니다.
　그런데도 '이상하다, 연구실(교실 바로 1m 앞에 있는데)에서

물 한 잔 떠올 잠깐의 틈이 왜 이렇게 없지?' 하는 순간이 많다는 걸 생각해 보니, 아직 큰 변함이 없는 것 같기도 합니다.

그런데, 참 고마운 일이 있습니다. 어린이들은 여전히 소란스럽고 아침은 분주하고 피곤한데도, 웃음이 날 때가 많아졌습니다. 어린이들이 멀리서부터 조그마한 그림자로 보일 때, 반가워서 손부터 높이 들게 됩니다. 어린이들이 작은 일로도 왁자지껄하며 웃을 때마다 내게 반짝이 요정 가루를 조금씩 뿌리는 것 같습니다.

물론, 멀리서 보기엔 희극이지만 가까이서 보면 비극이라 했던가요? 멀리서부터 부르길래 반가워서 부르나 했더니, 친구랑 학교에 오면서 사소하게 다툰 이야기를 이르려고 벼른 만큼 큰 목소리로 불렀던 것일 때도 있습니다. 자기들끼리 누가 먼저 왔으니 교실에 더 먼저 들어갈 것이라고 옥신각신하고 있어서 아침부터 다툼을 중재해야 할 때도 있습니다.

이 글을 읽는 분들의 아침 풍경은 어떤지 궁금해집니다.
혹시 아침을 시작하는 당신만의 의식(ritual)이 있나요?

이토록 솔직한 아홉 살 인생

참 신기합니다.

같은 사람인데, 아홉 살 인생인 어린이들과 나는 하늘과 땅 사이만큼 다른 것 같으니 말입니다. '기억이 잘 나지도 않는 아홉 살 시절, 나도 이 어린이들처럼 말하고 생각하며 살았을까?' 굳이 나와 비교하지 않더라도, 몇 년 후에 이 어린이들이 폭풍 성장해서 질풍노도(?)의 5, 6학년이 된다는 사실이 참말 믿기지 않습니다.

아홉 살들과 보내는 하루하루 가운데 요즈음 특히 기억에 남는 모습을 떠올려 봅니다.

#1. 발표하고 싶어요.

우리 반 아홉 살들은 아직 특별히 수줍은 몇 명을 제외하고는 자신이 아는 것은 목청껏 크게 말하길 즐깁니다. 만약 어린이들이 집중하지 않거나 손을 많이 들지 않는다면, 내 탓일 가능성이 큽니다. 내 말이 알아듣기 너무 어려워서 내 말을 배경음악쯤으로 여기고 있을 때가 많기 때문이죠. 뚜뚜. 머릿속에 경고음이 들립니다.

'주의. 이런 상황이 몇 번 반복된다면 아홉 살들이 의욕을 잃어버릴 수 있음. 질문을 더 쉽게 바꾸거나 보충 설명이 필요함.'

 반대로 설명과 질문이 흥미로울수록 학생들은 밝은 표정으로 한껏 높이 손을 듭니다. 그 의욕의 파도가 나를 집어삼킬 것 같이 셉니다. 반짝이는 눈빛 공격과 귀에 들리는 마음의 소리들에

그만 정신을 못 차리고, 지목해야 하는 순간을 놓쳐 그들의 팔을 아프게 만든 적도 여러 번 있음을 고백합니다.

그런데 어린이들은 수업이 1대 다수가 아니라 마치 1대 1 상황인 것처럼 여기는 경향이 있습니다. 내가 당연히 자기를 지목할 거라고 거의 100퍼센트 기대하고, 그렇지 않았을 때 너무 속상해 하는 것만 봐도 그렇습니다. 특히 꼭 발표하고 싶었던 주제일 땐 기대한 만큼 실망하여 눈이 울망울망해집니다. 큰 목소리로 모두에게 잘 들리는 '혼잣말'을 하기도 합니다.

"아, 나는 그냥 발표 안 할 거야."
"치, 발표 안 해야지!"
"내가 제일 먼저 손들었는데!"

살짝 올라오려는 울음을 삼키며 토라져 버리거나 속상한 마음을 못 이기고 있는 어린이들이 있습니다. 그럼 나도 무지 억울한 듯이 말하기도 합니다.

"얘들아~ 문제는 하나인데 20명이 손을 들었으니 어떻게 하겠어. 아~ 정말 선생님도 다 시켜주고 싶었는데."

조금 과장된 표정과 목소리로 말하니 선생님이 딱해 보여 마음을 풀어주는 어린이들도 있고, 그래도 여전히 삐졌어! 라는 몸짓을 보이는 어린이들도 있습니다. 이런 상황을 줄이고자 요즘에는 웬만하면 다른 꾀를 씁니다.

짝끼리 편하게 이야기하는 짝 발표, 모두가 짧게 자기 의견을 모두 말하는 줄줄이 발표, 발표 하고 싶은 사람은 모두 일어서서 발표하되 의견이 같으면 "빙고!" 외치고 앉는 빙고 발표. 또는 제비뽑기나 번호 순으로 답하는 방법입니다. 즉 모두의 발표 기회를 늘리거나, 발표 기회가 오기까지 손을 애써 오래 들고 기다리지 않도록 무작위(또는 공정한 순서)로 뽑기도 합니다. 어린이들은 의외로 모둠 활동, 모둠 발표에 많은 흥미를 보입니다. 진지하고 의미 있게 발표하여 놀랄 때도 많습니다.

#2. 선생님! OO이가 ~~ 했어요!

 하루 동안 아홉 살들로부터 교사에게 들어오는 친구 행동에 대한 '민원'의 개수는 몇 개 정도일까요? 우리 반의 경우 크고 작은 걸 다 합하면 50개는 너끈히 넘을 것 같습니다.

 이 민원들을 어떻게 해야 할까요? 초임 교사일 때는 학생들이 선생님의 정의로운 개입을 원한다고 생각했습니다. 내가 바로 행동과 해결에 나설 의무가 있다고 여겼던 것입니다. 그런 오해로 나와 학생들 모두가 피곤해졌습니다. 그들 스스로 풀기 어려운 문제와 그렇지 않은 일을 '감별'해 내는 눈은 경험이 쌓이면서 조금씩 생겼습니다.

 그리고 학생이 선생님에게 억울함을 말하려고 다가오는 순간은 배움의 기회가 되기도 합니다. 그가 감정을 스스로 처리하는 방법이나 의사를 분명히 전달하는 방법을 거듭 익히는 기회 말이죠.

 그런데, 쏟아지는 '민원'에 힘들긴 해도 참 신기한 게 있었습니다. 아홉 살들에게는 '미안해' 한 마디가 지닌 힘이 엄청나게 크다는 것입니다. 심지어 그다지 미안해 보이지 않는 투로 한 사과였는데 말입니다. 속상하고 화가 나서 얼굴은 빨개지고 눈물, 콧물을 줄줄 흘렸는데도 미안해, 라는 말이 나오자마자 둘 사이의 팽팽한 긴장이 눈 녹듯이 풀리고 금방 좋다는 듯이 헤헤 웃는 것이었습니다. 이럴 수가. 어떻게 대화하도록 도와주어야 서로를 이해할 것인지 고민하던 나만 혼자 심각한 상태로 남겨둔 채, 그 둘은 이미 방금 전의 속상함은 멀리 멀리 떠나 보낸 표정이 되어 있었습니다.

이미 같이 놀 마음의 준비가 끝난 둘을 내가 억지로 붙들고 다음에는 이렇게 해야 한다고 거듭 당부하는 모순적인 상황이라니. 아, 내 삶과 생각도 아홉 살들처럼 조금만 단순하고 가볍게 살고 싶어졌습니다.

주의. 당연히 완전히 해결된 게 아니므로 몇 분 또는 몇 십 초(…) 후 똑같은 상황으로 다시 내 앞에 올 확률이 높음.

꿀 같은 쉬는 시간

쉬는 시간, 모두가 가장 좋아하는 시간!

수업 중에 일어난 일입니다. 수업 방해 행동을 많이 하던 어린이가 아주 잠깐 집중하는가 싶더니, 다시 쉬는 시간이 언제 오는지 자꾸 물었습니다.

농담 반 진담 반으로 "쉬는 시간? 00이는 공부 시간을 거의 다 쉬는 시간으로 썼는데 어쩌지요? 그 대신 쉬는 시간에 공부하는 걸로 해야 될 것 같은데요?" 했습니다. 그런데, 저는 녀석의 당돌한 대답에 한 방 먹었습니다. "와! 그럼 40분 쉬고 10분 공부하니까 좋은 거네요? 앗싸!"

어린이들에게 참 꿀 같고, 아무리 길어도 짧게만 느껴지는 게 쉬는 시간일 것입니다. 솔직히 말하면 00이의 말에 나도 솔깃했습니다. '오, 어린이들의 신체 리듬에도 그게 딱인데? 나도 하루에 쉬는 시간과 일하는 시간의 비율이 4 : 1이라면 좋겠다.'

아무튼, 쉬는 시간은 참 짧습니다. 어린이들끼리 놀이 한 판 하기에도 짧고, 나 역시 숨을 천천히 돌리고 다음 수업 준비를 하고 싶지만 마음을 놓을 수가 없는 시간입니다. 쉬는 시간, 점심 시간 생활지도 역시 교육의 한 영역이니까요.

특히 저학년 담임은 더합니다. 마실 물을 뜨러 가거나 화장실에 가는 잠깐의 시간을 내는 것도 작전(?)을 세우고, 상태를 봐서 얼른 다녀와야 합니다. 아니면 생리현상 따위는 참아야 합니다.

아주 급할 땐 어린이들을 '그대로 멈춰라' 시킬 수 있는 방법! 재미있는 동요 영상을 틀어두고 후다닥 다녀오는 것도 좋습니다. ('구구단 송'만 해도 무척 좋아하는 어린이들)

하지만, 주의! 아무리 당부해도 그 잠깐 사이에 선생님을 찾아 복도까지 헤매는 어린이도 있을지 모릅니다. 자다가 한밤중에 깬 어린이처럼 서성거리며 복도에서 나를 큰 소리로 부르겠지요. 들어가 있으라고 하는데, 뒤를 따라 두 세 명이 꼭 같이 나오고 있고... (아, 이건 꿈일 거야…)

그러고 보니, 어린이들은 스스로 해결할 수 있는 작은 문제를 내게 들고 올 때가 많습니다. 재미있는 건, '한 번 스스로 어떻게 해야 할지 생각해 볼래? ' 하면 답을 몇 초 만에 척척 잘 찾아내는데도, 꼭 한 번 물어보고 싶은가 봅니다.

'내게 안 묻고도 해결하는 날이 과연 올해 안에 오려나? '

　　하지만 때로 질문쟁이들 덕에 내 건망증이 보완되기도 합니다. 까먹을 것 같은 일은 칠판 귀퉁이에 암호처럼 적어두면, 그게 뭔지 아침부터 꼭 물어봐 주고, 내가 활동 안내를 할 때 자세히 말하지 않은 부분을 그 어린이들이 꼭 물어봐 주기 때문입니다. 질문쟁이들은 관찰력이 뛰어난 걸까요, 아니면 생각이 많아서 그런 걸까요? 궁금합니다.
　그럼, 쉬는 시간에 교사인 나는 무엇을 하고 있을까요?

1. 폭풍 검사
　수학 익힘책은 수업 시간에 배운 내용에 대한 걸 바로 풀고 모둠끼리 매긴 뒤 틀린 것을 고치게 하곤 합니다. 하지만 풀이과정이 중요한 단원이나 직접 그림을 그리는 도형 단원은 매기기 애매하여 꼭 걷어서 직접 매깁니다.
　아침에 걷어두고 바로 매겨두지 않으면 퇴근 시간 이후 매길

틈이 없어 내가 며칠 동안 돌려주지 못하는 경우가 생깁니다. 빨리 손에서 털수록 좋으니, 쉬는 시간에 틈이 나면 폭풍 채점을 해야 합니다.

그리고 일기 댓글 쓰기! 수학 익힘책보다 집중을 더 해야 해서 쉽지 않지만, 일과 중에 일기 댓글 다 달기에 성공하면 굉장히 뿌듯합니다. 댓글을 좋아하는 어린이들은 내가 가끔 바빠서 도장만 찍고 나누어주면 굉장히 섭섭해 하고, 내 댓글을 보물처럼 읽는 모습이 참 예쁩니다. 그래서 꼭 한 마디라도 달아주려 하는 편입니다.

2. 생활 지도

학교에 있다 보면 급하게 행정 업무 처리 등으로 연락이 와서 해결해야 하는 경우가 종종 있습니다. 웬만하면 수업 마친 뒤에 일하려고 애쓰지만, 어쩔 수 없이 빨리 해야 할 때는 컴퓨터 앞에 앉아 있어야 합니다.

그런데, 그럴 때 꼭 어린이들이 다투거나 이르러 오는 경우가 많더군요. 동시에 두 가지를 하는 건 정말 자신 없는데…. 그럴 때는 엉뚱하지만 머리에 반지의 제왕에 나오는 사우론의 눈이 달렸으면 좋겠다는 생각을 합니다. 미리 다 지켜보고 있다가 명

쾌하게 솔로몬의 재판처럼 한 번에 해결하면 얼마나 좋겠는가 하고요.

아직 '일어난 일을 차례대로 말해요'를 배워야 하는 어린이들이 뒤죽박죽, 띄엄띄엄 말하는 내용을 듣고 자초지종을 파악하다보면 쉬는 시간은 이미 끝나고도 남았습니다. (물론, 선생님이 다 해결해 주기보다 어린이들이 스스로 해결하는 방법을 배우게끔 도와주어야 합니다. 하지만… 음… 참 쉽지 않습니다.)

3. 보충 학습

국어 시간에 '내 생각'을 쓰라는 게 너무 어려운 어린이, 수학 시간에 배운 것을 까먹어서 문제를 자꾸 못 푸는 어린이들. 당연히 수업 시간 안에 문제를 다 못 풀어냅니다. 문제가 어려우면 얼른 회피해서 친구랑 떠들거나 낙서를 하는 어린이들도 참 많습니다. 그럴 땐 부족하더라도 얼른 마무리만 짓고 쉴 수 있도록 설명해주고 도와줍니다. 물론 계속 노는 어린이들 구경하느라 마무리조차 쉽진 않지만요.

마음이 좋지 않습니다. 실컷 쉬고 놀아야 또 공부에 집중이 될 텐데, 머리를 쓰고 또 다음 수업 시간이 되면 얼마나 힘들지 아니까요. 하지만 안 하고 넘어가거나, 마치고 남아서 하는 등의 방법에도 다 부작용이 있습니다. 더 좋은 방법은 없을지 찾아보는 중입니다.

늘 몸이 열 개이면 좋을 하루가 끝나고 어린이들이 집에 돌아가면 무척 긴 시간이 지난 기분입니다. 시간이 흐르는 속도가 참 다릅니다. 휴일에는 조금만 멍 때리고 있어도 금방 2시가 되는데 말입니다. 내일도 학예회 준비로 바쁜 월요일이 되겠지만, 여유를 스스로 만들 수 있으면 좋겠습니다. 마치 '어바웃 타임' 영화의 주인공처럼.

밤편지 (1)

사랑하는 너희에게.

직접 전하진 못할 오글오글한 사랑 편지를 쓴다. 벌써 한 해를 마무리하는 때가 가까워 오고 있어. 너희는 아직 그 느낌을 잘 모르겠지만.

작년에 가르쳤던 학생들도 아홉 살이었지. 그런데 헤어질 때 너무 슬퍼할까 봐 겁이 나더라. 자꾸 3학년 되기 싫다며 애착을 보이니 정말 올라가서 잘 적응하지 못할까 봐 걱정되었어. 그래서 마지막까지 일부러 헤어지는 느낌이 안 들게 하려고 애쓴 기억이 나. (물론 분위기가 풀어지고, 안전사고가 날까 봐 더 조심한 것도 있지만. ^^)

 종업식 며칠 전까지도 평소랑 별다를 바 없이 수업을 하고 비슷하게 지냈지. 3학년 되면 계속 지나다니면서 보는 거다, 별 거 아니라며 그 어린이들을 웃으며 보냈는데, 마음이 텅 빈 느낌이 참 오래 가더라.

 차라리 같이 한껏 아쉬워했으면 나았을까? 그 어린이들도 자연스러운 마음으로 어떻게 느끼든 있는 그대로 둘 걸, 괜히 겁낸 것이 어리석었다는 생각도 들어.

 올해를 마무리하면, 다른 학교로 옮겨가게 되어서, 더 기분이 이상해. 마음에 텅 비는 자리가 너무 크면 어쩌지? 너희가 참 보고 싶을 거야. 빈 교실은 참 적막할 테고.

 그런데 요즘, 마음은 그게 아닌데 내 말투는 점점 단호해지고, 성격이 급해지고, 얼굴 굳어지는 일이 많아지는 것 같아서 속상하고 막막할 때가 많아. 미안할 일이 자꾸 생기네.
 여유가 부족한 것 같아. 체력 탓인지, 분위기가 붕 뜨는 걸 가라앉히느라 그런지 모르겠지만. 내가 다그친다고 너희가 꼭 잘하리란 법도 없는데, 자꾸 스스로 상태를 알아채고 여유를 가지려고 애쓸게. 안 그럼 엄청 후회할 테니까.

 선생님이 너희를 보면서 마음이 참 따뜻해지면서도 아픈 듯, 말랑말랑해지던 기억들이 많아. 웃음이 저절로 나는 재미있는 기억들도 있고. 이렇게 편지처럼 몇 가지라도 써 볼게. 너희에게 차마 전하진 못하겠지만 말이야.

 첫 번째. 지난번에 '토닥토닥 카드'를 가지고 서로 카드에 적힌 말을 해주며 카드를 바꾸는 놀이를 했잖아. 너희끼리 잘하는 친구들도 많았지만 어색한지 아무에게도 말하지 못하고 피하는 친구들도 있었지. 그게 안타까워서 한 번이라도 하는 경험을 시켜주려고, 카드를 선생님한테 다시 내도록 할 때 선생님이랑 한 번씩은 꼭 하도록 시켰잖아.

 근데 나는 너희가 그렇게 세상에서 가장 행복한 사람이 된 것처럼 볼까지 붉어지면서 웃을 줄은 몰랐어. 나는 그냥 카드를 읽어주며 손을 잡고 웃으며 눈을 맞춘 건데, 마치 가장 사랑하는 사람에게 진실된 고백을 받은 듯 기뻐해주는 너희 표정을 보며 놀랐어.

 너희를 행복하게 해 준 게 기쁘면서도, 내가 그렇게 칭찬을 자주 해주지 않았나, 따뜻한 말을 평소에 한 명 한 명 눈맞추며 해준 일이 잘 없어서, 이런 표정을 처음 보는가 보다 하는 생각이

드는 것 있지.

  그래서 참 미안하고 아팠어. 얼마든지 사랑할 힘을 가지고도 충분히 내어주지 않는, 못난 어른인 것 같아서.

  그래, 어쨌든, 우리가 작은 말과 몸짓만으로 이렇게 서로를 행복하게 해 줄 수 있는 힘을 가지고 있다는 것이, 참 신기하고 감사한 일이야.

두 번째. 지난번에 00이가 몇 번이나 예술제 연습을 하려고 앞에 나와서 아무 것도 말하지 못하고 떨 때, 난 너희가 혹시나 국어 시간에 가끔 그런 것처럼 재촉하거나 한숨을 쉰다거나 할까 봐 걱정하며, 그 친구 옆에서 계속 격려하던 중이었지.

그런데 너희 중 몇 명이 우리 예술제 마지막 순서인 "넌 할 수 있어" 가사를 흥얼거리듯 속삭이며 그 친구를 바라봐줬잖아. 그때! 정말 감동이었어. 긴장하고 있던 내 생각이 틀렸음을 알고 좀 부끄러워지는 순간이었지. 요즘 부쩍 너희 마음이 많이 큰 것 같아. 참, 예술제 날엔 역시 믿은 대로 해내는 00이 모습이 벅찰 만큼 감동이었어! 너희도 그랬지?

세 번째. 그 때 비가 엄청나게 내려서 간신히 학교에 온 날이 기억나니? 너희가 빗줄기에 잔뜩 혼나고 축축한 양말로 교실에 한 명씩 들어올 때, 그 날은 시를 써야 하는 날 같아서 '비'를 가지고 써 보라고 하니 쓰고픈 말이 정말 많았나 봐. 웃긴 시가 많이 나왔지. 읽어주니까 정말 좋아했었잖아.

그때 너희가 제일 좋아한 시는 비가 하늘에서 내린 킹콩과 하느님 오줌이라고 했던 거였고. 어떤 어린이는 지옥탕이라고 하고, 어떤 어린이는 비가 뜨거운 느낌이 들고 냇물처럼 흘러가는 걸 쓰고... 다들 비가 너무 많이 와서 싫었다고 했지. 태어나서 처음 맞아보는 폭우였으니 당연할 거야. 언젠가는 너희가 더 크고 몸에 열기가 넘쳐, 달음박질이라도 하며 선뜻 빗물을 맞으러 빗속으로 뛰어드는 날도 올까?

그런 웃긴 시들도 좋아하지만, 너희가 동시집을 함께 읽다가 탄성을 내며 좋아했던 시 중 하나가 '늦게 피는 꽃'이었지. '우리 엄마가 이걸 읽으면 얼마나 좋을까?' 하고 혼잣말 하는 어린이도 있었어. 그 말을 들으며 많은 생각을 하게 되더라.

어린이들을 다그치는 사람이 아니라, 씨앗을 심고 기다리는 사람이 되고 싶었는데, 현실 앞에서 자꾸 내가 어린 시절 그렇게도 되기 싫었던 '따분하고 재미없는 선생'이 되어 가는 게 아닐까, 그런 생각도 들긴 한단다.

늦게 피는 꽃
　　　김마리아

엄마,
저 땜에 걱정 많으시죠?
어설프고 철이 없어서요

봄이 왔다고 다 서둘러
꽃이 피나요?
늦게 피는 꽃도 있잖아요

덜렁대고
까불고 철 없다고
속상하지 마세요

나도 느림보
늦게 피는 꽃이라면
자라날 시간을 주세요

조금만
조금만 더
기다려 주세요
철들 시간이 필요해요

밤편지 (2)

 지난번 너희에게 쓴 편지를 다시 읽어 보았어. 우리가 무엇을 위해 그렇게 급해야 할까. 성실하게 노력하는 건 좋은 거라고 배웠는데, 왜 가끔 숨이 막힐까. 알고 보면 나를 위해서도, 너희를 위해서도 그럴 필요가 없었을지도 모르지. 조금 설렁설렁 뒤쳐지고, 풍경도 보면서 즐겁게 걷는다고 해서 돌이킬 수 없을 만큼 뒤처지는 건 아닌데도, 평균에 맞추지 못하면 불안해지는 마음은 대체 어디서 온 걸까.

주절주절, 이런 저런 고민이 머릿속에 시끄러운 나는, 너희가 참 신기해.

학년 초에 아침에 교실에 들어서면서 감정 낱말에 내 이름이 적힌 자석을 붙이는 감정 출석부를 했었잖아. 너희가 참 재미있어 했지. 왜 그런 마음이 들었는지, 아침마다 발표하기도 했고. 사실 너희가 자석을 붙일 때, 당연히 아침이니까 더 자고 싶고, 공부할 걸 생각하니 힘이 빠져서 피곤하다, 힘들다, 지루하다 같은 걸 고를 거라고 예상했거든.

그런데 깜짝 놀랐어. 너희가 '행복하다, 신난다, 좋다' 등을 자연스럽게 다들 고르는 거야. 아주 특별한 일이 있는 몇 친구를 빼곤 전부 그렇게 좋은 감정을 고르며 정말 맑게 웃더라. 그 웃음이 뿌리는 반짝이 가루를, 아침마다 나눠받을 수 있어서 참 고마웠어.

물론 너희가 감정 출석부 붙일 때처럼 늘 즐겁기만 한 것은 아니지. 매일 강아지들이 뒤엉켜 다투듯 크고 작게 다투고, 어렵게 화해하고, 너희도 저마다 조그만 마음속에는 평소엔 잊고 지내지만 생각보다 많은 고민을 잔뜩 가지고 있다는 걸 알지.

선생님은 말이야. 어쩌다 그런 고민이나 본심이 너희 마음 깊은 데에서 툭, 튀어나올 때, 우리가 그런 고민을 진지하게 공유할 때를 참 좋아하거든. 그 순간엔 서로가 살아있다고 연결되어 있다는 걸 새삼 느끼게 돼. 그리고 우리는 서로 마음을 어루만져 줄 수 있는 존재였다는 걸 잊고 살다가, 그럴 때 기억하게 되더라. 나만 그렇게 느끼는 게 아니면 참 좋겠는데 말이지.

 국어 시간, 글쓰기 수업에 교과서에 나온 글보다 더 공감이 되는 글을 읽어주고 싶어서 초등학생이 직접 쓴 '달리기 시합'이라는 생활글을 읽어주었던 것 기억나?
 '나'는 친구 '최정욱'이랑 달리기 시합을 하면 내가 매번 이

기는데, 그럴 때마다 최정욱은 나보고 "치사하다."고 말한다는 짧은 글이었어. 이겨도 기분이 좀 별로라서 달리기를 못하는 그 친구가 한 번쯤 이기면 좋겠다는 말로 글은 끝을 맺었지.

글이 끝나자마자 평소 승부욕으로 똘똘 뭉친 00이가 또 자기도 모르게 벌떡 일어서서, 혼잣말 치고 무척 큰 목소리로 갸우뚱거리며 정말 이상하다는 듯이 말했지.

"달리기는 이기는 게 좋은데 어떻게 안 이기는 게 좋다는 거지? "

내가 그 질문에 대해 설명을 해주려고 하는데, 다른 어린이가 어! 어! 하며 손을 들었지. 평소에 손놀림이 남달라서 지우개 따먹기 놀이를 무척 잘하는 00이였어. 00이는 평소 자기만 이기면 재미없으니까 친구들을 조금씩 봐줘가며 노는 걸 좋아하더라. 그런데 꼭 자기 얘기를 말하는 거야.

"어, 어, 맨날, 이기기만 하면 지겨우니까 그런 거예요."

평소 놀이할 때 늘 양보하고 점잖은 00이는 진지한 표정으로 손을 들고 또박또박 말했어.

"그렇게 자꾸 나만 이기고 하면 친구가 속상하니까 양보하려고 하는 거예요."

친구랑 놀 때 자꾸 친구들의 눈치를 살피곤 하는 OO이도 꼭 자기 마음을 말했어.

"친구가 치사하다고 나랑 안 놀까 봐 그런 거일껄?"

똑 자기를 닮은 답을 하길래, 하나 더 물어보며 마음을 훔쳐보고 싶었어.

"여러분도 최정욱처럼 친구한테 샘이 난 적 있어요?"

너희들은 나는 그렇다, 나는 상관없다, 등등 와글와글, 자기 이야기를 참 많이 했지. 그런 시간이 재미있었어.
아까 처음에 말했던 OO이는 이기면 친구를 약올리고, 자기가 지면 화를 내고 울상이 되어버리곤 하지. 그런 OO이를 위해 더 물어보고 싶은 게 있었어.
"이 글을 쓴 어린이 마음처럼, 친구가 내가 좀 못해도 봐주거나 내 마음을 조금 알아주거나 하면 어때요?"

그러니까, ○○이가 내 낚시(?)에 걸려들어 손을 번쩍 들었어. '그 친구가 정말 고마운 마음이 들 거'라고 하며, 자기 이야기를 하나 풀어놓았지. '같이 놀다가 진 친구가 울먹이니, 다른 친구가 이겨놓고도 진 것처럼 해서 우는 친구를 달래준 일이 있었는데 인상 깊었다'는 이야기였지.

○○이도 혹시 자기 행동에 대해 조금은 깨달았을까? 아, 나도 친구에게 그렇게 해 주면 함께 더 즐겁겠구나. 하는 마음이 들었으면 좋겠는데. 너무 급한 욕심인가?

언제나
반짝이고 있을
당신의 아홉 살에게

유루시아 드림

밤편지 (3)

 내가 상상하지도 못한, 엉뚱한 너희들의 말과 행동을 지켜보는 건 참 재미난 일이야.

 내 안에도 너희처럼 생생한 목소리를 내는 꼬마가 있을 텐데, 개구리 올챙이 적은 정말 기억이 안 나나 봐. 그래도 작은 것을 더 자세히 보게 되고, 유치한 것에도 감탄하며 울고 웃게 되는 요즘, 이게 너희 덕이 아닐까 하는 생각을 해.

 물론 늘 즐겁기만 한 건 아니란 거 알지? 너희도 내 하소연(!)을 자주 들어 알다시피, 인내심의 끝이 어디인지 시험 당하는 것처럼 속에 천불이 날 때도 있지. 그래도 나중에 돌아보면 그 순간조차 다 재미난 일로 기억나다니, 즐거운 것 많고 생명

력이 넘치는 너희에게 옳은 덕인가.

그 우스운 상황에 근엄하고 진지한 표정과 말을 하면서 몰래 빵 터지는 웃음을 겨우 참아내고, 선생 노릇을 하는 게 참 간질간질 괴로울 지경이지.

너희도 스스로 웃긴지 콧구멍을 벌름벌름하면서 참는 걸 보며 속으로는 이런 괴상한 역할극이 어디 있나 싶다니까. 하지만 만날 내가 너희랑 같이 바닥을 디굴디굴 구르며 미친 듯이 웃을 수도 없는 걸 어떡해? 이렇게 반쯤은 진지한 척 하며 넘기는 수밖에.

너희는 시도때도 없이 재미난 상황을 만들지만, 특히 강렬했던 장면이 있어.

지진대피 훈련을 할 때 말이야. 머리를 보호하기 위해 가방을 머리 위에 대고 나오는 걸 배우고 미리 가방 지퍼까지는 잘 닫아서 머리에 썼지. 그런데 가방을 들고 있는 게 불편했는지 한 녀석이 아예 가방을 머리에 쓴 채로 가방 끈을 팔에 끼웠잖아. 그러니 가방에 이마가 눌려 눈이 게슴츠레 해지고 팔은 위로 대롱대롱 들려 올라가는데, 자기 꼴이 무척 우스웠는가 봐.

다른 친구들에게 다 자기를 따라 해 보라며 함박웃음을 짓고 큰 소리로 눈길을 끌며 떠들어 댄 거. 그 애는 기억하겠지? 한 명이 하니까 줄줄이 따라 하기 시작했고! 마치 이상한 쭈꾸미처럼 움찔대는 어린이들이 하나 둘 씩 늘어나는 것도 모르고 야외

까지 너희를 인솔하던 내가 뒤를 돌아보니 어땠겠어.

 세상에, 줄서서 따라오던 너희가 불에 구워지는 해산물들처럼 여기 저기 흩어져서 웃으며 팔을 파닥거리고 난리가 난 꼴을 보고 말을 잃었지 뭐. 너희 얼굴을 보고는 솔직히 너무 웃겼어. 대피 훈련을 무슨 재미난 에피소드나 소풍쯤으로 여기는 듯한 너희!

그런데 대체 우리 반만 왜 이러나, 내가 평소에 질서 지키는 걸 덜 가르친 탓인가 싶어서, 교실에 돌아와서도 계속 잔소리에 잔소리를 거듭했잖아. 너희는 이게 무슨 봉변인가 했겠지.

이 쭈꾸미 사건(?)은 1학기 때 일인데, 너희들과 며칠 전에도 화재대피 훈련하면서 숙이고 걸어가라고 하니까 뒤쪽에 오던 몇 명이서 "그럼 아래로 가면 좋다고 했으니까 아예 기어가자!" "쪼그려 앉아서 걸어갈래!" 하고 자기들끼리 개구리 점프하고 신이 났다가 뒤늦게 정신을 차렸지.

어이구, 꾸중 한 번 듣고 바로 쪼그라들어 시무룩해질 거면 처음부터 말 잘 듣지! 싶다가도, 처음부터 시킨 대로 잘 하면 너희겠어. 그렇게 자유분방하게 뛰는 게 본성인 걸. 네모난 학교와 교실에 본성을 억지로 맞추려 애쓰는 중일 뿐.

얼마 전에도 그래. 배드민턴을 치다가 잠깐 경기를 보며 앉아 있는 그 순간에도 너희는 새로운 놀잇감을 찾아 내고는 하지. 배드민턴 채를 입술에 꾹 눌러서 네모나게 튀어나온 살을 만져 보고 신기해서 눈이 휘둥그레 해져서는 수업 시간인 것도 잊고 큰 소리로 자신의 발견을 알리는 너희, 오리처럼 쭉 내민 입술을 채에 뭉개고 있는 그 모습이 만화의 한 장면 같아서 그려 봤어.

내가 잔소리하는 역할 대신, 하루만 현덕의 '고양이'에서 노는 어린이들처럼 하루 종일 너희 뒤를 따라다니며 무슨 말을 하고 어떤 재미난 행동을 하는지 지켜보면 재밌을 것 같아.

너희는 글쓰기가 어렵고 싫다고 하지만, 너희가 하는 재미난 말을 다 받아 적으면 수많은 시가 될 텐데. 그렇게 해 주는 분들이 존경스럽고, 아직까진 그렇게 해주지 못하는 내 역량을 탓할 뿐.

선생님은 사실 너희만할 때 어떻게 생활했는지 몇 장면 외에는 거의 기억이 나질 않아. 지금은 선생님이 내년에도 담임하면 안 되냐고 말하는 너희도 역시, 어쩌면 기억이 희미한 그림자 정도로 남을지도 몰라. 잊혀진다고 생각하니 조금 슬프지만, 너희와 함께 할 수 있어서 가끔 힘든 것보다 재밌고 행복한 순간이 더 많았던 것 같아서 고마워.

서로 쏘아보고 잡아먹을 듯이 소리치다 엉엉 울 때도 있지만 평소엔 서로에게 "틀려도 괜찮아, 도와줄게" 말할 줄 알고, 토라질 땐 절대 잘못해도 미안하다고 하지 않지만, 찬찬히 이야기하며 스스로 잘못을 깨닫고 나서는 서툰 진심으로 "미아네.." 하고 "갠차나.." 하는 너희가 참 예뻐.

   등교할 때 감정출석부를 하면, 어제 무슨 일이 있었든 아침에 항상 거짓말처럼 '신나요, 행복해요, 기뻐요'에 자석을 붙이고 맑게 웃는 너희가 신기했어. 참, 그 웃음이 오래 가면 좋겠다, 사춘기일 나이가 되더라도 감정출석부의 너무 어두운 감정을 고르게 되진 않았으면 좋겠다고 몰래 생각해.

   어느 새 일 년이 이렇게 마지막 즈음까지 와 버렸네. 남은 날들 동안 함께 더 미소 지을 일 많도록, 살짝 지쳐 있는 나를 다잡아야겠어.

   월요일에 또 만나자.
   너희에게 보내지 못한 밤 편지는, 여기까지, 이만 줄일게.

시트콤 (1)

 학교에서 2월 초가 되면 남은 날짜를 세며, 며칠 남지 않았다는 게 실감이 나는 시간이 옵니다. 늘 예상보다 마지막은 가까이 다가오는 것 같습니다.

 그때 즈음, 레임덕 현상이 자연스럽게 일어납니다. 수업을 해도 뭔가 붕 뜬 분위기가 느껴지기도 하고, 어린이들이 선생님에게 익숙해지고 편해지는 만큼 좀더 능글맞아(?)지기도 하는 것 같습니다.

 나와 다른 점이 훨씬 많은 이 작은 사람들과 함께 있다 보면 많은 장면이 예상치 못한 시트콤의 한 장면이 됩니다. 게다가 신기한 건 이 시트콤의 개그 코드는 점점 새롭게 바뀐다는 겁니다. 어린이들이 커가면서 머리도 조금 더 굵어졌다고, 저 나름대로 개그를 만들어 내지요.

어린이들이 선생님 앞에선 애교와 장난을 치다가도 '책 읽어 주는 어머니'가 오시면 잘하는 것처럼 연기하겠다고 호언장담하며, 익살맞게 시늉하기도 했습니다. 그 과장된 표정과 몸짓이 재미나서, 정색하고 안 웃긴 척 하려고 하다가 나도 모르게 웃어버렸습니다. 사실, 웃고 나니까 얼굴에 그렇게 힘주지 않고 웃어 넘겨도 큰일 나지 않는 일이었네요.

웃기고 귀여우면서
화가 나는 듯
이 오묘한 기분은 뭘까?

　나는 너무 많이 웃어줄까 봐, 너무 '허용적인' 교사가 될까 봐 걱정했는데 생각해보니 오히려 의무감에 휩싸여서, 자주 웃어주지 못한 것 같습니다. 기다려주거나 너그럽기보다, 걱정되어서 바늘 안 꽂힐 만큼 빡빡해진 순간이 많았던 것 같습니다. 몸과 마음에 힘을 빼고, 내 숨결부터 편안해져야 어린이들에게 진심이 제대로 전해져 가는 걸 잊지 말아야겠습니다.

시트콤 (2)

줄넘기 줄의 길이를 맞추다
아주 신기한 발견을 한 아이.

.....그것 참... 굉장히... 음... 신기하구나!

교사는 어린이들이 뛰어 놀 때 주로 다치지 말라고 잔소리를 하고, 튀어나가거나 다툴까 봐 항상 살펴봐야 하는 자리에 있습니다. 하지만 그냥 다 잊고, 함께 뛰어 놀고 싶을 때가 있지요. 그들이 뛰고 구르는 모습은 참 자연스럽거든요.

요즘 어린이들은 실내에서 실내를 전전하며 기계와 많은 시간을 보냅니다. 그렇다면 학교에 와서라도 뛰어 놀아야 하는데, 미세먼지 탓에 그렇게 하지도 못합니다. 교실에서 나가고 싶다며 몸을 꼬는 어린이들, 좁은 책상 사이에서 잡기 장난을 하려다 결국 꾸지람을 듣습니다. 수족관에서 부산스럽게 빙빙 돌아다니는 듯한 돌고래는 넓디 넓은 바다에 나가면 그제야 타고난 거침없고 자유로운 몸짓으로 자신을 펼칩니다. 어린이들도 그렇겠지요.

사족.

이런 일은 무척 흔하다. ^ ^ ;;

아이들이 쉬는 시간에 위기탈출 넘버원 찍고 있지 않는지 잘 지켜봐야 한다!

2부

반짝임 줍는
교실살이

흔들리고 헤매는 신규교사

#1. 어리바리 신규교사

임용고시에 합격하고, 두근거리는 마음으로 신규교사 연수를 받고, 첫 근무하는 학교에 첫 인사를 하던 기억을 떠올려 본다. 모든 게 처음인 내가 인사할 때 귀여운 햇병아리처럼 바라보며 웃어주던 선생님들의 표정이 기억난다. 첫 교무회의 때엔 신규교사는 인사를 잘 해야 된다 싶어서 주변 분들에게만 인사해도 될 것을 회의실에 들어오는 분들에게 30번을 넘게 안녕하세요, 안녕하세요 앵무새처럼 계속 인사했던 흑역사(?)도 생각난다.

교직 사회에서 '요새 신규 샘들은 똑똑하고 일도 잘해. 자기 것도 잘 챙겨. 옛날 우리 때 같지 않아.' 하는 말도 자주 하는데 나는 그 축에는 속하지 않았던 것 같다.

교대에 다닐 때 교생실습으로 길어야 4주 동안 겪어본 교실('업무'가 무엇인지도 우리들은 정말 몰랐다)과, 실제로 내가 담임을 맡고 생활지도에 막중한 책임을 지며 업무도 동시다발적으로 해결해야 하는 교실은 하늘과 땅 차이였다. 교생실습은 게임으로 치면 데모 버전도 못 되었다.

아는 것도 없는데다 어린이들이 집에 가고 나면 각자 머물러야 하는 외로운 섬과 같은 교실에서 불안함과 무력감이 조금씩 커졌다. 어쩌다 동학년 선생님들이 모일 때도 내가 궁금한 업무, 교실 속 어린이들에 대한 이야기보다는 친교 모임처럼 잡담이 오가다 보니 가만히 듣기만 하다가 그분들이 퇴근하시면 그제서야 밀린 일을 하느라 늘 깜깜해지면 집에 가고는 했다.

신규일 때 많이 물어야 해, 하는 말만 믿고 많이 질문했지만, 각자 바쁜 일정 속에 나를 반갑게 받아주기 어려운 분도 많았다. 도와주려는 마음이 있으셨더라도 사실 내가 무엇을 모르는지를 정확히 모르니 가려운 데를 시원하게 긁어주시기도 힘들었을 것이다.

이렇게 받아도 되나? 할 만큼 고마운 분들이 많았지만, '신규인 사람이 원래 귀찮은 잡무를 떠맡고 그래야 예쁨을 받는 것이다', 하는 메시지를 주는 분도 있었다. 순진한 나는 '네! 끄덕끄덕, 그렇구나! 세상살이에 도움 되는 가르침을 받았네요'라고 생각한 기억이 난다.

그러다가 다른 운 좋은 동기와 밥 한 끼 하며 들은 이야기를 듣고 놀랐다. '우리 학교는 신규 햇병아리 선생님이라고 업무도 일부러 적게 주고 다들 챙겨주면서 학급운영을 익히는 것에 더 힘쓰라고 하더라, 다들 귀여워해주며 항상 조언해주시더라' 하는 것이었다. 정말 눈물 나게 부러웠더랬다.

아무튼, 나는 스스로를 일을 잘 모르는 사람, 싹싹해야 하는 사람, 매일 무엇이든 하나라도 배워야 하는 사람으로 생각하고 이것저것 알게 되는 대로 흡수하느라 바빴다. 업무뿐 아니라 학급운영도 마찬가지였다. 교대에서 배운 것은 소용이 하나도 없었고, 정말 무엇을 준비해야 되는지도 감이 잘 오지 않았다. 알지 못하는 데서 오는 불안을 잠재우기 위해서는 모르는 것에 대해 알아보고 지식을 취해야 할 것 같았다.

초등학교에 입학할 때부터 대학교를 졸업하기까지, 정답과 정석에 가까울수록 높은 점수를 받는 구조 안에서 나만의 엉뚱함을 발휘하는 것은 위험한 도전이며 때로는 어리석은 행동이기도 했다. 그럴 땐 일단 외우고 습득하는 것이 해결방법인 것처럼 수동적으로 살아야 하는, 그런 구조였다. 그러니 지금도 빨리 정보를 습득해야 했다.

'나보다는 남이, 내가 서툴게 생각하는 것보다는 기존에 입증된 길과 정답을 따라가는 것이 그대로 사용하는 게 내 것보다 나을 거야. 나는 실수도 많고 세상을 잘 모르니까.'

#2. 비빌 언덕을 찾아서

 신규 교사들이 많은 인터넷 커뮤니티에서 '기댈 언덕, 비빌 언덕'이 될 선생님이 한 분이라도 계시면 좋다고 하는 글을 읽었다. 다행히 멀게 느껴지지 않고, 후배를 친절하게 대해주는 선생님들이 주위에 몇 분 계셨다. 운 좋게도 그 분들에게 많이 배우고 은혜를 많이 입었다. (지금도 다른 선생님 교실에 가면 좋아 보이는 것이 있을 때 한 가지라도 꼭 여쭤보는 것 같다. 내 장점이자 단점이다.)

 선생님마다 학급을 운영하는 데 특색이 있고, 당연하지만 똑같은 분은 없었다. 예습과 복습을 꼼꼼히 하고 과제를 잘 해 오는 것이 중요하다고 생각하는 분도 계셨고, 최대한 숙제 없이 수업 시간에 핵심을 꿰뚫으며 복습이 되게끔 하는 분도 계셨다. 그런가 하면 학습은 2차적인 것이라 생각하고 먼저 재미있고 행복한 학급을 지향하는 분도, 예의와 질서를 형성하는 데 주력

하는 분도 계셨다.

처음에는 배워 온 그대로 하니 내가 하는 것보다 수업이 훨씬 체계적이고 좋았다. 하지만, 갈수록 내 옷이 아니다 보니 자꾸 실패하거나 도중에 그만두게 되는 경우가 많았다.

이런 방법을 실시하는 이유가 무엇인지, 무엇에 중점을 두어야 할지, 내 철학에 맞는지 고민해보지 않고, 충분히 익히지 않은 채 방법만 따라 하니 당연히 그럴 수밖에. 참 속상했다.

하지만 시간이 지난 뒤에, 허승환 선생님께서 한 영상에서 그렇게 '안 되는' 경험을 통해 내 것을 찾아가는 게 배우는 과정이라고 말씀하시는 걸 듣고 큰 위로가 되었다.

#3. 눈은 높아지는데 내 수업은 왠지 '노잼'인 것 같아서

보는 대로 나도 이루고 싶은 마음이 들었다. 그 이하의 것은 모자라 보이기만 하고, 자꾸 눈만 높아져 갔다.

재미있어 보이는 교실 놀이.
긍정적인 생활지도.

다양한 학급 이벤트.

어린이들의 사고력을 길러주는 노트 정리.

삶을 가꾸는 글쓰기 지도.

등등.....

 그런데 뭔가 욕심 내어 새로운 걸 실시해보면 상상한 만큼 어린이들이 재미있어 하지 않거나 어려워하는 경우가 종종 있었다. 지금 생각해보면 어린이들은 못하거나 하기 싫었던 것이 아니라 왜 갑자기 이런 것을 하는가, 충분히 이해를 못했을 수도 있다. 나도 욕심이 앞서서 어린이들이 이 수업을 통해 얻게 될 열매에 기대가 너무 커서, 그에 미치지 않은 모습에 실망했을 것이다.

 그렇게 여러 번 실망하고 나서야 좋아 보인다고 덥석 따라 하는 것을 경계하고 내 철학, 우리 반 어린이들과 어떻게 맞추고 녹여 나갈 수 있을지를 먼저 생각하게 되었다.

 학창시절, 나는 솔직하게 말해서 장래희망을 고민할 때 '교사는 재미없어 보여서 절대 하기 싫다'고 생각했다. 지금 이 자리에 있게 된 건 다른 이유가 뒤늦게 생겨나서였다. 선생님을 잘 따르고 칭찬도 받는 편이었지만, 이상하게도 그땐 그랬다.

　기억에 남는 몇 분의 선생님은 있다. 학생을 존중하는 태도와 인품이 인상 깊었던 선생님. 무척 재미있게 가르치셔서 그 선생님을 싫어하는 어린이도 강의 실력만은 끄덕이며 인정하던 선생님. 수업 시간에 교과서보다는 실제로 우리가 앞으로 살면서 필요할 것 같은 요소들과 재미있는 정보를 소개해주셨던 선생님.

　어떤 공통점이 있을까 생각해 보았더니, '재미'인 것 같다. 배움이 나와 관련이 있음을 알게 해 주는 데서 비롯되는 재미.

　'학교에서 배우는 이런 지식이 과연 필요할까', 나 스스로 하는 질문일 뿐 아니라 어린이들에게도 많이 듣는 질문이다. 배우는 지식을 당장 써먹을 수 있거나, 재미가 있거나, 내 삶과 관련이 있을 때 동기가 유발되어 즐겁게 배운다.

　그런데 잠깐, 재미있기 힘든 과목의 재미있기 힘든데다 실용성도 없어 보이는 단원을 수업할 때는? 나는 내 수업이 '노잼'인 건 정말 원하지 않고, 재미있게 수업을 해야 한다는 강박에 '조바심'만 넘치고 싶지도 않다. 그래서 늘 어렵다. 최근에 내린 결론은 이거다. 최대한 재구성하기, 그래도 안 될 때는 차라리 솔직하기. 즉, 스스로에게도 학생에게도 사탕발림으로 속이며 가르치지는 않기.

#4. 답이 없는 생활지도

수업뿐 아니라 생활지도 또한 막막했다. 누구에게도 전문가로서의 완벽한 '정답'은 없다. 그렇지만 하지 말아야 할 명백한 '오답'은 존재할 것이다. 내가 행동하는 것이 '오답'이 될까 봐 두려웠다.

발령을 받자마자 충분한 준비 없이 맨 땅에 헤딩하기로 학급을 운영하니 고민이 많았다. 당연하지만 같은 일이라도 사람마다(선생님마다) 대처하는 방법이나 철학이 달라서 무엇을 따르면 좋을지 혼란스러웠다. 마치 아버지와 아들이 당나귀를 시장에 팔러 가는 우화 같았다.

당나귀를 끌고 가는데 어떤 사람이 어리석게 끌고 가니 타고 가라고 한다. 그래서 아버지가 당나귀를 타고 가는데 마주친 아낙네들이 어린 어린이를 두고 아버지가 인정머리 없이 타고 간다고 한다. 그래서 이번에는 아들을 태운다. 길을 걷다가 노인이 요즘 어린 것들은 효심이 없다고 욕을 한다. 아버지는 어찌 해도 욕을 먹으니 함께 타고 가자고 한다.

한참 가다가 당나귀가 낑낑대는 것을 보고 지나가던 농부가 부자를 혼낸다. 당나귀가 말 못하는 짐승이지만 얼마나 힘들겠냐고 하고, 결국 두 사람이 당나귀를 메고 가게 된다. 그러다가

다리 위에서 당나귀가 발버둥을 쳐 물에 풍덩 빠졌다는 이야기도 있고, 아버지와 아들을 걷어차고 달아나버렸다는 이야기도 있다.

결국은 내 답은 내가 찾아가야 한다는 걸, 시행착오도 내 자산이라는 걸 천천히 알게 되었다. 게다가 아무리 좋은 조언이라고 해도 촘촘히 나누지 못한 대화는 많은 오해를 부르기도 한다. 같은 단어를 사람들은 저마다 다르게 사용한다. 예를 들어 교사의 '사랑'에도 허용적인 사랑이 있고, 친구처럼 대하는 사랑이 있고, 친절하고 단호한 사랑 등 전혀 다른 것들이 있는데 그냥 하나의 단어로 묶이니까.

초임 때 특히 답이 없어서 막막했던 일들이 무엇이었는지 떠올려서 적어보려고 한다. (나름의 내 답이 생기긴 했어도 여전히 막막한 일들은 '쉬워'지진 않았다. 경력이 쌓이더라도 막막한 일은 계속 생기지 않을까 싶다.)

- 어린이들이 심하게 다투는데 자신의 잘못은 전혀 인정하지 않을 때.

억지로 권위로 동의하게 하는 것은 좋지 않다. 어린이들은 말

그대로 공감하는 능력이 아직 '부족'하다. 체력이 약한 어린이에게 억지로 운동을 시킨다고 되지 않는 것과 마찬가지다. 일단 감정이 격해진 상태에서 바로 해결하려고 하면 잘 되지 않는다. (생각해보면 어른인 나도 그렇다)

    일단 조금 식히도록 한 뒤 자신의 기분, 서로의 기분을 알아주며 서로 이해하도록 해보고, 행동에는 명확한 한계를 정해주는 것을 기본으로 생각하고 있다. 때로 내 감정이 흔들리는 상태거나 몸이 피곤하면 강한 말투로 재판관처럼 행동하고픈 유혹에 빠지기도 하여, 계속 내게도 수행이 필요하다.

 - 수업에 계속 집중하지 못하고 산만한데 행동 수정의 효과가 없는 학생을 만날 때

 내 경우에는 '학교에서 길을 잃다'라는 책이 도움이 됐다. 한 번에 하나씩, 학생과 함께, 학생이 자기 주도적으로 습관을 바꾸게끔 용기를 주며 접근하는 방식이 내게 맞았기 때문이다.

사실 원인도, 상황도, 변수도 참 다양하기에 더 막막하다. 게다가 그 어린이 하나만 대하는 것이 아니다 보니 고민이 된다. 나머지 어린이들에게 어느 정도까지 이해해주길 부탁해야 하는지, 내가 어디까지 허용해야 하는지. 어떤 경우엔 부모님이 일찍 '진단'을 받았더라면 이렇게까지 심해지지 않았을 어린이도 있

어서 안타까운 일도 종종 있다. 그러나 오히려 '병'이라는 프레임이 도움 되지 않을 때도 있다. 정말 '케바케(case by case)'라 하나의 방법을 고수할 수가 없다.

특히 기본적인 교내 규칙을 반복 지도해도 습득하지 못하는 학생의 경우는 상황에 대한 연습, 시범, 상황극 등이 필요한 듯하다. 말로만 배운 것은 잘 흡수되지 않는데 비해 차분하고 진지하게 몸으로 연습해보는 것이 생각보다 매우 효과적일 때가 많았다.

- 학부모와의 갈등.

학부모가 불만을 제기하는 것이 전부 힘들지는 않았다. 오히려 내가 미처 생각하지 못한 부분이라 고마운 적도 많았으니까. 물론, 처음 발령 났을 때에는 학부모님과의 간단한 대화조차 긴장을 많이 했다... (반쯤 말을 놓으며 '정말 어리시네요, 결혼 안 하셨죠? '라는 첫인사를 하는 사람에게 기분이 상하기도 하고) 어쨌든, 대화하다 보면 어린이의 '역사'와 가정의 분위기를 짐작할 수 있어서 지도하는 데 도움이 되었다.

민감한 사안이야 참 많지만 특히 어린이들 사이의 평범한 갈등에 지나치게 자기 쪽을 피해자로 내세우며 방어적으로 행동하는 분을 만날 때 바늘 끝도 들어가기 어렵다는 기분이 든다.

하지만 입장을 바꾸어 생각해보면 충분히 그런 방어적인 태도도 이해할 수는 있다. 우리 모두 부족하고, 팔은 안으로 굽는 '사람'이니까.

그러나 어떤 분들은 사회나 학교에 대해 혹은 힘든 육아 때문에 쌓아온 불만과 억울한 감정들이 켜켜이 쌓여 가득 찬 쌀주머니처럼 되어 있다가 작은 일이 주머니를 콕, 찌르면 감정이 쏟아져 나오는 경우도 있다. 막상 어린이가 느끼는 감정엔 큰 관심이 없고 자신의 감정을 분풀이하는 모습으로 미루어 짐작 하건대 그렇다.

학교가, 사실은 더 바람직하게는 사회 시스템이, 부모 교육까지 감싸 안을 수 있는 역량이 된다면 좋겠다. 지금은 학교에서 어떤 서비스와 처방을 내린다 한들 본인의 참여 의지가 없으면 아무 영향을 끼칠 수 없어서 참 안타깝다.

#5. 그럼에도 힘을 내자

사람이 한 번에 바뀌는 일, 서로 오해한 것이 순식간에 풀리는 일은 없기에, 꾸준히 지도하고 조심스럽게 접근해야 하는 것이 당연하다. 그래서 위의 상황은 지금도, 더 경력이 쌓여도 조심스러운 일들일 것이다. 그리고 어린이들과 지지고 볶는 교실에서 항상 감정에 초연해진다는 게 어디 가능한가.

다만 당황스러움에 덧붙여 지금 당장 변하지 않는 것이 다 내 잘못인 줄 알고 더더욱 괴로울 때가 있다. 그 때의 나에게, 또는 비슷한 상황의 누군가에게 말해주고 싶다. 이 상황에 선생님이 하면 좋을 일과 선생님의 책임이 분명히 존재하니 그것을 함께 찾아내고 도움도 청해가며, 상황을 이겨내 보아요. 그렇지만, 절대 선생님의 '잘못'이라고 괴로워하지 말아요.

나는 '나답게' 살고 있는 사람인가

#1. 공부란 무엇인가

 공부했던 기억을 떠올려본다. 때때로 '공부'는 고문의 다른 이름이었다. 물론 재미있는 공부도 있었다. 하지만 결국 입시를 위한 공부니까 내용을 효율적으로 잘 이해하고 많이 외우는 게 관건인 훈련에 가까웠다.

 '교사는 단순히 지식의 전달자에 불과하다, 교육과정에 적혀진 것만을 충실히 전달하라'는 시각을 가진 사람도 의외로 많다는 걸 알게 되었다. 산업혁명으로 효율적인 대량 생산이 이루어졌듯, 교육도 그렇게 사람을 효율적으로 한꺼번에 많이 '교육받은' 존재로 만들고, 만든 뒤엔 '능력'(품질)의 차이에 따라 뽑고 나누어 적재적소에 배치하는 데에 목적이 있는 것처럼 되었다는 일이, 나는 무섭다.

다행히 이런 현상에 의문을 제기하는 사람이 많다. 획일적인 교육에서 벗어나 지역마다, 학교마다, 학급마다 학생의 특성에 맞게 재구성한 교육과정을 만들 것을 권장하고 있으며 그렇게 실천하는 사례의 나눔도 풍성하다. (아직 여건이 충분히 마련되지는 못한 경우가 많지만) 나는 그 다양함 속에서 특히 '교육이란 학생이 자신을 더 잘 알고, 삶을 더 잘 살게 하는 것'이라는 관점에 동의하고 그렇게 하도록 돕는 교사가 되고 싶다. 그렇게 하려면 교사가 일방적으로 뭔가를 전달하는 방식만으로는 어림없다. 끊임없이 살아 움직이는 교육이 아니면 안 될 것이다. 아, 이상적이지만 참 어렵다.

내가 어떤 교육 목적을 지녔든, '지금, 여기'의 개성과 독특함을 지닌 학생에게 바로 알맞은 교육과정, 지도방법을 찾아 '처방'하기란 쉬운 일이 아닐 것이다. 물론 이를 통찰할 수 있는 지혜는 전문가가 마땅히 갖추어야 할 능력이겠다. 하지만 누구나 하루아침에 전문가가 될 수 없고, 그 사이에 끊임없는 '처방'은 이루어져야 하니 곤란한 노릇이다.

'내가 가르치는 내용을 어떤 기준으로 선정할 것인가?
 나는 어떤 교육 철학을 가지고 있는가?'

#2. 무엇을 선택할까?

처음에는 뭔가 선택하면서도 여전히 불안했지만 갈수록 그것이 당장 충분하진 않더라도 괜찮다는 생각을 하게 되었다. 교사의 배움에 대한 열정, 학생을 존중하고 귀하게 대하는 태도, 단호함 등은 그것이 진실되고 진심에서 나온다면 결국은 학생들에게 배움으로 다가오리라고 믿는다.

게다가 요즘엔 조금만 찾아보면 좋은 실천 사례와 본보기도 차고 넘친다. 하지만 어떤 좋은 방법을 그게 단지 '멋지고 좋아 보여서' 따라했을 때, 늘 뒷맛이 씁쓸하곤 했다.

까마귀의 우화가 있다. 까마귀는 아름다운 새를 뽑는 대회에서 망신을 당하는 대신 이길 방법을 고민하다가, 온갖 아름다운 새들이 몸치장을 하느라 연못가에 흘리고 간 깃털들을 몰래 주워 온 몸에 꽂는다. 자신을 뽐내며 주목을 받은 그 순간, 깃털의 출처를 눈치 챈 깃털 주인들에게 망신을 당하게 된다.

까마귀는 자신만의 것에 집중하거나 대안을 고민하는 대신, 타인의 기준에 자신의 껍데기만 맞추는 방법을 택하고 만 것이다. 우화 속 까마귀는 어리석어 보이지만, 현실에서 까마귀처럼 행동하지 않기란 어려운 것 같다. 과감히 버릴 것은 버려야 할 것인데 자꾸 쥐려고만 했던 나를 반성한다.

그렇다면, 나를 가다듬는다는 건 무엇일까? 나는 교사로서의 나, 사람으로서의 나에 대해 잘 알고 있는가?

#3. 나는 나로 살고 싶다.

'나는 나로 살기로 했다'(김수현, 마음의 숲)에서 저자는 '나다운 삶을 찾을 것'이라는 조언을 하며 다음과 같이 이야기한다. 나에게는 정말 '뼈 때리는' 조언이었다.

어린 시절, "너는 아직 어리기 때문에 어른을 따라야 한다."는 말은 어린이가 나약하고 열등한 존재임을 각성시켰다. 많은 부모는 어린이의 나약함과 열등함을 이유로 자율성을 허락하지 않으며, 어린이가 어른이 되는 [과정]을 빼앗았다. [과정]없이 어른이라는 [결과]만 남은 이들은 스스로 판단하고 결정 내리는 것을 두려워하기에 나이를 먹어서도 멘토를 찾아 다닌다.

그러나 혜민 스님도, 한비야도 당신이 어떤 사람인지 알려주지 못한다. 나답게 산다는 것은 경험과 탐색 속에서 스스로 판단하고 스스로 결정하는 법을 익히는 일이다.

학생들이 자신을 사랑할 줄 아는 어른이 될 수 있도록 가르치기 위해선 일단 '교사'라는 사람 또한 '나답게' 살고 있는지 돌아보아야 할 일이다. 더 깨어있는 삶(?)을 살아가려 노력해야 하니 무겁고 힘든 마음도 들지만, 거꾸로 생각하면 나를 위해 내 삶의 의미를 찾는 것이 신기하게도 직접 내 직업에 도움이 된다는 것이 참말 고마운 일이 아닐까?

'상자 밖'에 있는 사람이고 싶다

요즘 인터넷에서 즐겨 보는 '책그림'이라는 채널이 있다. 네이버 tv와 페이스북 등에 책과 영화의 핵심적인 내용을 5분 남짓한 동영상으로 만들어 공유하는 채널이다.

그 중 '사람을 보는 두 가지 관점'이라는 제목의 영상이 있는데, '상자 밖에 있는 사람들(아빈저연구소, 위즈덤아카데미)'이라는 책을 모티브로 한 영상이다. '상자 안/상자 밖에 있는 사람들'에 대한 예시로 나온 일화를 잠시 소개하고자 한다.

버스에서 편히 앉고 싶은 사람이 2인용 자리를 차지한다. 옆자리에 짐을 가득 놓고 혼자 앉아 있는데, 큰 가방을 들고 땀내가 나는 등산객 무리가 버스에 탄다. 그들이 차례 차례 자리에 앉고 그의 옆 빈자리를 바라보지만, 그는 멀리 있는 다른 빈 자리에 등산객이 앉기를 바라며 모른 척 시선을 피한다.

아마 그들이 내 옆에 앉으면 성가시고 불편할 것이다. 내가 버티고 있으면 그들은 조금 불편하겠지만, 내가 딱히 잘못하는 것도 아니니 할 말은 없을 것이다.

'그 순간 그가 사람을 보는 관점은 어떠했을까?' 하고, 영상 속 목소리가 우리에게 묻는다. 그는 다른 사람을 나와 같은 감정을 가진 사람으로 동등하게 보고 있었을까? 그는 다른 사람을 자기도 모르게 성가신 존재, 내 편안함을 위협하는 존재로 보고 있었던 게 아닐까?

우리는 피곤하고 힘들 때, 감정적 동요를 겪을 때 등 많은 상황 속에서 다른 사람을 나와 동등한 개체가 아니라 위협적인 외부의 대상, 심지어는 '적'으로 여긴다. 그럴 때 우리는 자신의 '상자 안에 있다'. 타인을 있는 그대로 보지 못하고, 외부의 불쾌

한 대상으로 보고 있기 때문이다. 즉, 우리는 그럴 때 왜곡된 관점으로 세상을 본다.

 만약 버스에 앉았던 사람이 등산객들에게 여유롭고 친근한 감정을 가지고 있었더라면, 그들도 자신과 비슷한 감정을 가진 사람이라는 걸 인지했더라면 위와는 다르게 행동했을 것이다. 이 자리에 그들 무리가 함께 앉아 가라며 양보하고 본인이 먼 자리로 이동해 주었을지도 모른다. 그럼 아마도 몸은 조금 불편하지만 마음은 여유로워졌을 것이다.

 타인을 적이 아니라, 있는 그대로, 그 사람으로 바라볼 때 우리의 마음은 더 너그럽고 편안해진다고 한다. 그것을 영상에서는 '상자 밖에서 상대를 본다'고 표현한다. 상대방을 나와 같은 감정을 가진 사람으로 존중할 때 서로 더 행복해진다. 양보라는 같은 행위라도 어떤 마음으로 했느냐에 따라 느끼는 감정이 완전히 달라진다는 뜻이기도 하다.

 교사가 학생들을 대할 때도 이 상자 안, 상자 밖의 개념을 적용할 수 있다. 체력이 고갈될 때, 정신과 마음이 지치고 닳아 있을 때 학생들이 하는 똑같은 말과 행동이 마치 나를 괴롭히려는 의도, 친구를 못살게 굴려는 의도, 상황을 망치려는 의도로 왜곡되어 보일 수도 있기 때문이다.

이럴 때 교사는 자연스럽게 상자 안으로 들어간다. 그러고는 스스로의 마음이 괴로워지도록, 상대방이 원망의 대상이 되도록 내버려둔다. 자기도 모르게 괴로움을 자처하는 셈이다.

"내가 더 무섭게 할 거야!" "난 힘겨루기에서 이길 거야!"

"휴..."   '계속 이럴 필요가 있는 걸까? '

"일부러 나를 성가시게 한다는 생각은 그만.

내가 먼저, 상자 밖으로 나와야겠다."

"상자 안에서 나와 봤어. 허무할 정도로 별 것 아니야."

성가신 상황에서도 상대방을 존중하는 일이 타고난 선한 본성과 일치하고 나를 행복하게 해 주는 행위라는 걸, 우리는 사실 알고 있다. 그리고 그렇게 할 때 상대방도 그 존중을 느끼고, 선한 영향력을 미칠 수 있음을 어쩌면 우리는 경험적으로 알고 있다. 다만, 그 상황에서 내가 먼저 상자 밖으로 나와야 했다는 것을 제대로 인지하지 못할 때가 많다. 그리하여 어지럽혀진 마음의 실타래를 풀어내는 고생은 늘 나의 몫인데도.

다른 누군가를 위해서가 아니라, 상자 안에 갇힌 나 자신을 위해, 상자를 나가야겠다. 상자 밖에서 편안히 호흡해야겠다. 뭐, 그러다 보면 알고 보니 내가 서 있는 곳이 또 다른 상자 속일 테고, 나는 또 다시 나와야 할 것이지만 말이다.

교실에서 어린이들에게 옮다

　어쩌다 보니 두 해 연속 6학년 담임을 하고, 올해는 갑자기 회춘(?)하여 2학년 담임이 되었다. 이 어린이들의 정체는 혹시 별에서 온 외계인인가? 의심하는 채로 1학기가 흘러갔다.

　처음엔 방긋방긋 웃던 내가 목이 아파서 찌푸린 표정이 늘어만 갈 무렵 방학이 시작되었다. 휴식 시간도 잠시, 어느새 코앞으로 다가온 2학기.

　개학을 준비하려 출근을 해서 교실 청소를 하고 있으려니 까맣게 잊고 있었던 교실의 일과들이 하나하나 기억 속에서 다시 살아났다.

　드디어 개학 날이 되어 오랜만에 입을 떼고 스스로를 지켜보니, 변화한 부분이 있다는 것이 새삼 느껴졌다.

기문자는 이의 특권. 혹자는 이걸 '낯빛의 윤희수'라고 표현한다지.

① 과장된 목소리와 말투, 나도 모르게 이야기꾼이 되고 있다.

　개정 수학 교과서는 매 단원을 짧은 이야기로 시작해서 단원 내내 이야기가 이어지도록 엮고 있다. 처음에는 어린이들이 이야기를 귀담아 듣지 않고 지겨워했다. 이야기가 지겨워서 그런 줄 알았는데, 혹시 실감나지 않아서 그런가 싶어 최대한 연기력을 뽐내는(?) 목소리로 이야기를 들려주었더니, 그때까지 사방으로 흩어져 있던 그들의 시선과 몸이 거짓말처럼 일제히 내 쪽을 향하고 있는 게 아닌가! 특히 마지막 부분 직전에 뜸을 들일 때는, 이야기꾼의 희열을 맛볼 수 있다.

② 나의 정신연령도 2학년이 되었다.

아니, 도대체 이게 왜 재미있을까? 하는 일에 자지러지듯 웃고 쓰러지는 어린이들. "이게 진짜 재밌어?"라고 어이없다는 듯이 놀려보려 해도 순수한 얼굴로 해맑게 "네! 진짜 재밌어요!" 해서 말문이 막히곤 했다.

고학년에 비해 작은 동기에도 몰입해서 잘 움직이고, 반면 조금만 수준 높은 단어나 농담을 거의 못 알아듣는 이 꼬마들이 참 이해가 안 되었다. (코딱지, 똥, 방귀 같은 단어를 쓰기만 해도 그들에겐 최고로 재밌고, '야 이 말랑말랑 코딱지야!'가 심한 욕이라고 생각한다.)

그런데, 어라? 내가 이제 그들과 비슷한 이유로 웃고 비슷한 감성으로 이야기하고 있다. 마치 아기 엄마가 된 기분이 이와 비슷하려나? 어쩌다 만화영화를 보게 되면 슬랩스틱 개그 부분에서 웃음을 터뜨린다. 분명 개그*서트를 화난 듯한 무표정으로 보다가 지루해서 꺼 버리고, 슬랩스틱에 재미를 전혀 못 느끼던 나였는데. 어느새 어린이들에게서 옮아 버렸다.

작년에는 비판적 사고 능력이 발달하고, 냉소적이지만 나름의 유머감각이 있는 6학년의 감성에 옮았는지, 나도 모르게 사물을 좀 삐딱하게 보며 이야기하는 습관이 들었던 걸로 기억한다. 그리고 청소년의 정서에 극히 나쁜 내용을 여과 없이 방송하는 매체의 실태, 청소년들의 비행에 대한 뉴스나 주변 소식을 들을 때면 바짝 귀를 기울이게 되곤 했다. 당연한 거지만.

③ 어린이들은 나의 거울이다.

내가 조용조용한 말투로 말하면 바로 소근거리며 내 말투를 따라하고, 내가 목소리가 커지고 말이 많아지면 같이 크게 떠드는 어린이들. 내가 고맙다는 말을 많이 하고 잘하는 부분에 집중하면 더 부드러운 분위기 속에서 긍정적으로 행동하는 어린이들. 내가 자꾸 찌푸리고 그들이 못하는 부분에 집중하면 서로 지적하는 모습으로 답하는 어린이들.

이런 특성에 적응해 가면서, 어린이들이라는 거울을 부끄럽지 않게 바라보고 싶어졌다.

사실 내 마음을 무겁게 하던 학생이 하나 있었다. 지난 학기에 내 마음을 시험에 들게 한 학생이었다. 개학하는 날, 그 애를 어떻게 대해야 하나 고민해 보았다. 행여나 내 묵은 감정이 느껴지지 않도록, 개학식 아침에 최대한 환한 웃음으로 그를 맞이했다. 학생은 의외로 쑥스러워 하며 내 앞에서 순한 양처럼 행동했다. 그러다가 집에 갈 때 나에게 접은 종이를 불쑥 내밀고 도망을 쳤다. 지난 학기로 미루어 볼 때 누구의 잘못을 신고하는 내용인가 싶어 긴장하는 마음으로 열어보았다. 그리고 뭉클해졌다. 그건 사랑하는 마음이 담긴 그림 편지였다. 행복한 첫날을 선물해줘서 참 고마웠다. 내게서 출발해서 그 학생을 통해 다시 내게로 되돌아 온 행복인 셈이다.

누가 어린애인지 모르겠다

 우리 반 하교 인사말은 "사랑합니다." 이다. 어린이들은 해맑게 인사를 하는 편이다. 그러나 벌써 겉멋(?)이 들어서 뚱해진 몇 꼬마들은 이 인사가 아무래도 어색한가 보다. 그래서 나름대로 지어낸 자기들만의 인사를 한다.

"안녕히 계세 요~루나민 씨~라쏠 라~면 먹고~~~어쩌구 저쩌구..."

랩을 꼭 한두 번 한 다음, 내가 장난스럽게 삐친 시늉을 해 주어야 제대로 된 인사를 해 주는 식이다.

주말을 앞둔 금요일엔 한 손 마주치기로 손뼉을 친다. 그런데, 이걸 악용(!)해서 엄청난 힘으로 손을 얼얼하게 하는 어린이가 2명 있다. 처음엔 '으이그! 아프잖아'하면서 대충 받아주었지만 장난이 반복되니 살짝 짜증이 나서 그 어린이들을 붙들고 인사의 중요성을 한참 연설했다. 하지만 장난은 생각처럼 시들지 않았다. (사실 얼마나 재미있겠는가?)

"선생님! ○○이랑 ○○이가 또 선생님 손 세게 치려고 막 손 휘두르면서 연습하고 있어요."

"그래? (속으론 뜨아!! 짐짓 모르는 체 큰 목소리로) 선생님은 이제 ○○이랑 ○○이는 인사를 안 해줄 거야."

"왜요오~~~?"

"(엄숙하게) 몇 번이나 기회를 주었는데 양치기 소년처럼 자꾸 속이고 도망치잖아. 선생님도 아픈 것이 정말 싫어. 그래서 이제 인사는 해 줄 수가 없겠다."

멀리서 내 목소리를 다 들은 그 두 명의 어린이는 겉으로 태연하려 노력하지만 어찌할 바 모르는 표정이다. 나는 속으로 회심의 미소를 지었다.

잠시 후 그 어린이들이 인사할 시간이 되어 다가왔다.
"너희랑은 하이파이브는 이제 안 할래."
"이번엔 진짜! 진짜! 살살 할게요. 안 속인다니까요오."
"그런데 그 말을 어떻게 믿어? 계속 속았는걸."
"이번엔 진짜예요."
"(약간 울상마저 되려는 두 어린이의 순진한 표정에 내가 이겼군! 하고 속으로 회심의 미소를 지으며) 휴, 알았어."

그런데.
그. 런. 데. ....

짜악!!!! (후다닥 도망간다)

"야아아~~!!"

이럴 수가. 내가 감정연기(?)로 속였다고 생각했는데 이 녀석들이 또 나를 속였다. 역으로 내 꾀에 내가 당한 순간이었다.

그 뒤로 아주 울며 겨자 먹기, 옆구리로 찔러 억지로 절 받기를 며칠 동안 하고서야 정상적인 인사를 받을 수 있었다. 하지만, 왠지 이게 아닌 것 같은데 하는 찜찜한 기분. 너무 친구 같은 선생님이 되어 버린 걸까?

어쨌든 그렇게, 교실에서 살고 있다.

사람이니까, 상처를 받는다

몇 년 전, 교직 생활에서 가장 힘든 해를 버텨나가던 때였다. 나와 함께 동화 공부를 하는 선생님께서 김경희 선생님의 상담 연수를 추천해주셨다. 연수이기도 했지만 집단 상담처럼 진행되는 방식의 독특한 연수로, '핵심 감정'을 알아차리고 내 존재의 중심을 찾는 방법을 연습하는 내용이었다. 지푸라기에 매달리는 심정으로 연수에 갔다.

상황이 너무 버거웠기에 연수가 나를 '구원'해주진 않았지만, 호흡에 집중하고 선생님들과 깊은 이야기를 나누며, 핵심 감정을 마음과 몸으로 몸소 느끼는 귀한 체험을 할 수 있었다. 웅크려 있던 나의 내면 어린이에게 말을 걸다가 예상치 못한 순간에 까닭 모를 울음을 펑펑 터뜨리기도 했다. 머리가 아닌 몸으로 감정을 공부하는 게 무엇인지 알게 해 준 연수였다.

핵심 감정에 대해 연수와 곁들여 읽은 책이 '감정의 성장'이었다. 동화작가이자 정신과전문의인 김녹두 작가의 이 책에 의하면,

핵심감정이란 '어린아이가 생의 초기 자신을 돌보던, 중요했던 사람과의 관계에서 경험한 마음의 상처, 좋지 않은 감정들이 치유되거나 희석되지 못한 채 마음에 남아 점점 단단해지면서 형성된 감정'이라고 한다. 같은 사건, 같은 경험에 대해 사람마다 다르게 느끼는 것도 핵심감정 때문이며, 이 감정이 그 사람 삶의 전반적인 '분위기'를 좌우한다는 것이다. 핵심 감정은 그 사람의 삶을 이끌어가는 에너지이기도 하고, 내 존재를 쥐고 송두리째 자꾸 흔드는 장애물이 되기도 한다.

사실 많은 사람들이 자신의 감정을 너무 못 읽어내서 문제라고 한다.

그러나 나는 오히려 감정과 존재를 잘 분리하지 못하고 감정의 파도에 그대로 휩쓸리며 '감정은 곧 나'라고 여기며 살아왔

기 때문에 감정에서 한 걸음 떨어져 나오기가 어려웠다. 그러다 보니 불편한 감정이 들면 그게 지나가기까지 가만히 기다려 본 경험이 적었다. 기다리면 또 괜찮아지리라는 믿음도 나약했다. 알고 보니 내 삶은 빨리 불안하고 두려운 감정을 털어내고 해결하려고 파닥거려온 자취로 이루어져 있었다.

그런 내 모습을 객관적으로 바라볼 수 있도록 연습이 필요했다. 불안과 두려움을 제대로 만나고, 제대로 깊이 느끼고, 그것이 지나가기까지 지켜보는 연습.

연수를 여러 기수 들으며, 시간을 들여 여러 차례 연습했다. 그 연습은 고통을 제대로 느끼고 제대로 흘려 보내게끔 해 주었다. 그 다음에 다시 만난 고통은 여전히 고통이었지만 분명 처음의 크기가 아니었다. 더 부드럽고 가벼웠다.

교사가 자신의 감정에 대해 잘 알고 감정과 관계에서 성장한 모습을 보일 때, 어린이들도 자연스럽게 물들게 된다고 한다. 행복한 부모, 행복한 교사가 스스로를 돌보면 어린이들도 그 모습을 따라 산다고 한다.

사실 감정을 단순히 개인의 문제로만 한정 짓는 건 위험하다. 나라가, 사회가, 세상이, 지금 건강하지 않다면 그 안에 있는 구성원들은 부정적인 감정의 거대한 기류 속에서 살아가는 셈이다. 아무리 개인이 노력하더라도 그 영향을 받을 수밖에 없다. 그러니 개인의 감정에만 몰두하는 건 자칫 숲은 보지 못하고 나무만 보는 시도가 될지도 모른다. 개인 심리학의 맹점이다.

그럼에도, 내 감정에 온전히 집중해 보는 건 중요하다. 나무를 가꾸는 데 대한 이야기는 결코 빠질 수는 없으니까.

상담 연수에서 여담으로 나눈 이야기 중 기억에 남는 것이 있다. 선생님들에게 각자 가장 힘든 상황의 교실(또는 학교)의 느낌을 묘사하라고 하면 그 '지옥'의 이미지는 각자의 핵심 감정에 따라 매우 다르다는 것이다. 어떤 이는 시끄럽고 엉망진창인 '아수라장'을, 어떤 이는 날카로운 미움과 분노의 시선들을, 또 어떤 이는 답답하고 적막한 무덤의 이미지를 떠올린다.

그렇게, 각자의 천국이 다르듯 각자의 지옥도 다르다는 것. 그 말을 달리하면 각자의 '내면아이'가 가장 두려워하고 맞서려 했던 어린 시절 사랑의 부재에 대한 기억과 느낌은 사람마다 고유하다는 것이다.

각자 가장 두려워하는 종류의 감정을 일으키는 사건을 만나면 온몸과 마음이 움츠러든다. 깊이 상처를 받고 그 아픔이 오래 머무른다. 사람이니까 당연하다. 하지만 그 불안과 상처는 스스로 내 핵심 감정을 제대로 바라보고 '그럴 만 했다', '그래도 된다', '넌 충분히 온전하다'고 마음 깊이 인정하며 다독여 준 다음 다시 만날 때엔 훨씬 가벼워져 있을 것이다.

온갖 감정이 널을 뛸 때, 나는 가빠져 있는 숨을 고른다. 가장 편한 호흡이 어땠는지 기억을 더듬어 다시 호흡해 본다. 예민하고 섬세한 기질을 가진 내가, 새로운 사람이 될 수는 없다. 하지만 좀더 성장하려는 모습으로 존재할 수는 있다. 그렇게 나름의 최선으로, 매일의 나를 준비할 뿐이다.

오답공책을 버릴 용기

#반드시 참인 명제

 힘과 혼을 쏟아낼 대로 쏟아낸 한 학기가 있었다. 방학식을 하고 온 날, 후련해야 하는데 마음이 마치 바삭한 과자가 부스러지듯 다 조각나서 아무런 힘이 없었다. 내 방에 틀어박혀, 내가 징징대면 등짝을 후려쳐 줄 수 있는 오랜 친구에게 카톡을 보냈다. 아무래도 나는 나를 잘 못 믿겠다고. 세상살이를 '제대로, 잘' 헤쳐나갈 수 있는 사람이 아닌 것 같다고. 앞으로도 그럴 것 같다고.

 그때 친구가 고맙게도 이런 말을 해 주었다.
 "반드시 참인 명제는

1. 너는 잘못되지 않는다.
　　2. 너는 삶을 잘 살고 있다."

　친구는 내가 이미 잘하고 있는 부분을 자꾸 스스로 인정하지 않는 것이 안타깝다고 했다. 마치 본인이 잘하는 특기는 영어인데 체육을 잘하는 친구, 과학을 잘하는 친구를 골라 부러워하며 스스로에게 모자라다고 하는 것과 비슷하다고.

　친구의 말대로 나는 나에게 '잘하고 있다'고 말해주기 어려워한다. 마치 고등학교 때 공부를 하며 오답공책을 쓰던 버릇대로, 삶에서 늘 오답공책을 들고 있는 것 같다. 틀린 게 있으면 그 원인을 낱낱이 분석하는 행동이 내 실력을 올려 줄 거라고 믿던 버릇처럼, 나는 삶의 많은 순간에 나를 부끄러워하며 오답으로 여기고 그 원인을 분석한다. 어떨 때는 그 버릇이 도움이 되었을 것이다. 하지만 필요할 때만 나와야 하는 버릇이, 끄지 않은 엔진처럼 계속 작동해서 방전이 되고 말았다.

　내 앞에 놓인 삶이 별 의미 없이 지나갈까 봐, 그래서 후회만 남을까 봐 자주 두려워한다. 나는 어쩌면 이상주의자에 가깝다. 조금이라도 더 가치롭고 의미 있는 것을 추구하고 싶어한다. 그러나 막상 내 행동력은 생각에 비하면 창피할 정도로 부족하다. 그래서 자꾸 괴롭다. 내가 늘 기준에 못 미치고, 부끄럽다. 그래서 자꾸 나 자신에게 독촉하며 다 하지도 못할 숙제를 내고 또 내 준다.

또, 나는 왜 이렇게 주관이 뚜렷하지 않냐고 스스로 원망했다. 고민하다가 필요한 시간과 에너지를 낭비해 버리는 나로서는 죽이 되든 밥이 되든 자기 확신이 뚜렷한 사람들이 너무 부러웠다. 그들은 분명히 나만큼 힘들게 살지 않을 거라고 생각했다. 그런데, 내가 아는 사람 가운데 또렷하고 아름다운 이상을 추구하며 확신을 가지고 사는 언니가 이런 식으로 이야기해서 놀랐다.

"너는 확신에 대한 오해를 하고 있구나. 확신에 찬 사람이 힘들지 않은 게 아니야. 그들도 당연히 고통을 겪고 고민을 해. 다만 당장 좋은 결과가 있지 않더라도 자신의 기준을 믿기에 자기 선택에 책임을 지면서 그 믿음대로 살아가는 거야. 그러다 보면 또 스스로 택한 삶의 방식에 보람과 기쁨을 느끼는 순간이 와. 그렇게 조금씩, 내가 어떤 삶을 살고 싶은지에 대한 확신이 단단해지는 거야."

어쩌면 당연히 모든 일에는 고민과 두려움과 책임이 따른다. 누구나 처음부터 단단한 것이 아니라, 단단해지기 위한 시행착오와 시간이 필요하다. 생각해보니 당연한 건데, 왜 몰랐을까.

자책하는 내게 언니가 덧붙인 말,

"이상과 현실의 괴리 속에서 이상을 다 이루지 못할지라도 추구한 자체로 애쓴 거야. 너는 애쓴 것에 대해 격려 받고 시행착오를 겪을 권리가 있어. 그리고 늘 네가 생각해야 할 최우선 순위는 네 존재야."

격려 받고 시행착오를 겪을 권리라. 그렇게 스스로 나에게 말해줄 수 있을까. 내 존재를 가장 아끼고 지켜내겠다는 용기를 가지고 어디서든 두려움을 걷어내고 편안하게 서 있고 싶다. 비 갠 뒤 하늘처럼. 그렇게 할 수 있을까.

때로는 '답정너'가 될 것

 어떤 교사가 되고 싶은지 생각해 볼 무렵, 난 '어린이들에게 공감해주는 교사'가 되고 싶다는 결론을 내렸더랬다. 마음이 돌같이 차갑고 단단해서 타인의 고통에 눈감는 사람은 참 싫다고 여겼다. 어릴 때 읽었던 책에서 어른이 어린이들의 말에 귀를 기울이지 않고 시큰둥하게 넘어가는 바람에 결국 큰 위험이 닥치는 이야기가 나오면 마음이 답답하여 가슴을 쳤더랬다. 나중에 커서 그런 멍청한 어른이 되지 않을 거라고 다짐했던 걸 여태 기억한다.

 그래서 지금의 나는 어떠하냐고?

 최근에 깨달은 사실인데, 나는 다른 사람이 짓는 표정을 살피며 그 의미를 알아채고 눈치 있는 사람이 되려고 엄청나게 노력한다. 그걸 스스로는 잘 모르고 있었다.

그런 버릇이 어린이들을 볼 때도 나왔나 보다. 덕분에 어린이들이 망설이거나 스스로 말로 꺼낼 수 없던 걸 자연스레 꺼내도록 이끌어낼 수 있었다. 어린이들의 마음을 내가 잘 헤아려주고 받아준다고 스스로 뿌듯해 했다.

그런데 좀 이상했다. 마음을 나누며 어린이들의 친구 역할은 할 수 있을지언정 그들의 믿음직한 비빌 언덕이 되어주기는 어려웠다. 어린이들이 나와 친하다 못해 무례해지거나 어리광을 피우기도 했다. 마음을 헤아려주려는 시도가 잘못되었던 것일까?

나중에 무엇이 잘못되었는지 따져 보니 가장 그럴 듯한 이유는 이것이었다. 존재를 있는 그대로 받아준다는 것이 마음을 모두 받아주는 것과 다른데 그걸 제대로 구분하지 못한 것이 실수였다는 것.

교실 상황은 개인 상담실처럼 마음을 모두 있는 그대로 끄집어내기만 할 수는 없다. 평범한 어린이들은 상처보다 뻗어나가고 존재가 성장하는 힘이 더 크다. 약함과 어두운 감정을 돌보는 것보다 오히려 그들을 믿어주며 그들이 지닌 힘과 강점에 주목하는 것이 더 자연스럽지 않을까? 내가 너무 약함에 주목한 것은 아니었을까?

 두 번째로는 그들이 내게 상처를 줄 때조차 너무 관대했던 것이다. 여러 가지 그럴 만한 이유가 있었긴 하지만, 잔인하게 말해서 그건 어쩌면 제대로 나를 지키지 못한, '비굴함'이었다. '착한 사람'이 되려는 어설픈 시도라고 해야 할까.

 다정하고 유쾌한 교사가 되고 싶고 그 역할을 꾸준히 해내려면 건강한 힘이 많이, 아주 많이 필요하다. 그리고 사람의 힘은 무한하지 않다. 서로 상처받는 일을 줄이고 힘을 보존하려면, 나를 지키는 굳건한 울타리가 꼭 필요하겠다는 생각을 하게 되었다.
 사실 그런 울타리는 내게 낯설었다. 특히, 단호한 답정너(답은 정해져 있고 너는 대답만 하면 돼)가 되어야 할 때 속으로 많이 혼란스러웠다. 어린이들에게 행동을 요구할 때 상황에 따라 대화와 충분한 설명이 필요하기도 하지만, 빠르고 단호하게 옳고 그른 것을 알려 주어야 할 순간도 많다. 그럴 때마다 '~~ 해야 해. ~~가 옳아.'를 함부로 내가 정하고 말해도 될지 망설이곤 했다. 지나치게 철학적(?)인 성격이라 그럴지도 모르겠다.

하지만 그것을 어린이들 앞에서 굳이 드러낼 필요는 없는 것이었다. 언젠가는 세상에 다양한 회색, 다양한 빛깔이 많다는 걸 알아야 하지만, 아직 흑과 백도 모르는 이에게 회색부터 말하는 것은 순서가 아닐 테니 말이다. 그러니, 고민하는 교사여, 때로는 답정너가 될지어다. (반대로 답정너인 당신은 조금 더 고민해 볼지어다)

회복은 힘이 세다

 교실에서 만나는 어린이 중에서 전문가의 치료가 시급하지만 이를 거부하는 가정에서 자라는 어린이가 생각보다 많다. 그뿐 아니라 어린이들이 건강한 마음으로 자라는 걸 방해하고 억누르는 힘이 사방에 많다.

 하지만, 그럼에도 불구하고, 어린이들이 서로에게 깊이 상처 줄 때, 그걸 회복하려는 힘은 늘 내 생각보다 훨씬 세다. 상처만 보고 수술을 준비할 게 아니라 최소한의 처방과 함께 그들을 믿고 따뜻하게 지켜보아 줄 때, 그 자연스럽고 살아 숨쉬는 힘이 많은 걸 회복시켜 주더라.

 어린이들의 눈물을 닦아주고 달래어 멎게 해주는 것도 중요하지만, 그들이 지나친 두려움과 불안을 버리고 씩씩하게 뛰노는 걸 미소 띤 얼굴로 지켜보아 주는 게 더 중요할지도 모른다.

그런 교사로 살아가려면, 개인적인 내 삶에서도 긍정의 힘을 더 길러야 한다는 숙제가 생겼다. 그렇게 살아야 그렇게 실천할 수 있는 것인데, 아직은 긍정보다는 걱정이 더 많아서 말이다. 마음의 파도를 계속 지켜보기보다 물속에서 벗어나 파도 위에서 서핑을 할 수 있다면 좋겠다.

그래서 노력하고 있는 것.

하나, 어린이가 두려워할 때, 함께 호들갑 떨기보다 안심시켜 주기. 어린이의 흔들림을 모두 수용하고 반응해주는 것이 꼭 그를 돕는 건 아니다.

둘, 어린이의 말을 내용 그대로 믿기보다, 한 걸음 물러나 지켜보는 것, 불안을 담지 않고 조언하는 것. 그들이 지금 느끼는 감정에 그대로 함께 휩쓸리는 것은 큰 도움을 주지 못한다. 너무 급하게 자판기처럼 즉석 도움을 내밀기보다 더 고요하고 담담해질 것.

반짝임 줍는 교실살이

'루루쌤'이라는 필명으로 2017년부터 에듀콜라에 글과 그림을 띄엄띄엄 연재했다. 실은 기록에 의미를 두었을 뿐, 처음부터 어떤 글을 적어야겠다는 뜻이 뚜렷하진 않았다. 부끄럽지만 적고 싶은 것을 일기장에 쓰듯 풀어놓곤 했다.

그래도 꾸준히 기록하다보니 조금씩 뜻이 생긴 것 같다. 누구보다도 일단 '나 자신'과, 나를 만나는 아이들을 위해 사소한 삶의 순간들을 좀더 살펴보고, 가꾸고 싶다는 생각이 들었다. 그래서 교실에서 잠깐씩 지나가는 작은 일상들, 반짝이는 순간(때로는 정반대의 순간)들을 주워 모아 보려고 시도했고, 그 글들이 모여 얇지만 하나의 책이 될 분량이 되었다.

만일 이렇게 글을 쓰는 것이 잘나고 뛰어나야 하며 최선을 다해 살아야만 쓸 수 있는 것이라면 나는 조금도 쓰지 못했을 것이다. 오히려 흔들리고 헤매고 있기에 글로라도 풀어놓아 보려고 발버둥쳤고, 그러면서 무엇이라도 붙들어 적어도 천천히 한 걸음씩은 나아간 것 같다.

불편하지만 꼭 풀어야 하는 삶의 질문은 매일 교실로 출근해서 아이들 앞에 앉는 내게 불쑥불쑥 찾아든다. 때로는 아이들의 입과 글을 통해서, 때로는 함께 나아가는 선생님들의 모습을 통해서. 그래서 나는 부족하지만 계속 답해야 했다. 내 글들은 결국 그 불완전함의 기록이다.

지금 여기에 적는 글도 몇 번을 고치고 다듬었지만 나중에는 모두 감추고 싶은 것이 될지도 모르겠다. 하지만 또 그런들 어떠랴. 그게 나인 것을.

교실에서 일하고, 살아가는 것이 늘 쉽지 않지만 그보다는 고맙다고 느끼게 되었고, 희망이 전보다는 단단해졌다. 그럼에도 불구하고 자꾸 먹구름 낀 하늘 아래 있는 것처럼 느껴질 때가 있다. 그래서 더욱 '반짝임을 줍는' 교실살이를 다짐한다. 어린이들의 요정가루 같은 웃음과 삶에 대한 힘을 공짜로 나누어 받으며, 때로는 동료와 눈물과 아픔을 함께 하며, 문득 문득 엿보게 되는 삶의 진실들.

   나만의 소박한 과녁 :
   먹구름을 보느라 도처에 숨은 반짝임을 놓치지 않기를.

이토록 솔직한 아홉 살 인생

초판 1쇄　2020년 4월 5일
초판 2쇄　2020년 5월 31일

지은이　유루시아
편집　　유루시아

펴낸 곳　인디펍
　　　　　출판등록　　2019년 1월 28일 제2019-8호
　　　　　주소　　　　61180 광주광역시 북구 용주로 40번길 7 (용봉동)
　　　　　전자우편　　cs@indiepub.kr
　　　　　대표전화　　070-8848-8004
　　　　　팩스　　　　0303-3444-7982

정가 12,000원
ISBN 979-11-90003-26-1 (03810)
ⓒ유루시아

이 책은 저작권법에 따라 보호받는 저작물이므로 무단 전재와 복제를 금합니다.

이 도서의 국립중앙도서관 출판예정도서목록(CIP)은 서지정보유통지원시스템 홈페이지(http://seoji.nl.go.kr)와 국가자료종합목록시스템(http://www.nl.go.kr/kolisnet)에서 이용하실 수 있습니다.
(CIP제어번호 : CIP2020010316)